DOCÊNCIA em FORMAÇÃO
Educação Infantil

Coordenação:
Antônio Joaquim Severino
Selma Garrido Pimenta

© 2009 by Amanda Cristina Teagno Lopes

© Direitos de publicação
CORTEZ EDITORA
Rua Monte Alegre, 1074 – Perdizes
05014-000 – São Paulo – SP
Tel.: (11) 3864-0111 Fax: (11) 3864-4290
cortez@cortezeditora.com.br
www.cortezeditora.com.br

Direção
José Xavier Cortez

Editor
Amir Piedade

Preparação
Alexandre Soares Santana

Revisão
Oneide M. M. Espinosa
Roksyvan Paiva

Edição de Arte
Mauricio Rindeika Seolin

Ilustração de Capa
Cláudia Cascarelli

Dados Internacionais de Catalogação na Publicação (CIP)
(Câmara Brasileira do Livro, SP, Brasil)

Lopes, Amanda Cristina Teagno
    Educação Infantil e registro de práticas / Amanda Cristina Teagno Lopes – São Paulo: Cortez, 2009. – (Coleção docência em formação. Série educação infantil)

Bibliografia.
ISBN 978-85-249-1546-8

    1. Educação infantil 2. Professores – Formação profissional 3. Registro de de práticas pedagógicas. I. Título. II. Série.

09-10045   CDD-370.71

Índices para catálogo sistemático:
1. Educação infantil: Professores: Formação: Educação   370.71

Impresso no Brasil – abril de 2023

Amanda Cristina Teagno Lopes

Educação Infantil e registro de práticas

*Dedico este livro a meus pais
e a meu marido, por acreditarem em mim
e sempre me apoiarem em meus projetos.*

1ª edição

7ª reimpressão

Agradecimentos

Primeiramente devo agradecer ao prof. dr. José Cerchi Fusari, orientador da pesquisa que resultou neste livro. Agradeço a paciência, acompanhamento, apoio e dedicação. Obrigada!

Agradeço à minha família, pelo afeto e incentivo.

Agradeço também a todos os participantes do Grupo de Estudos e Pesquisas sobre a Formação de Educadores da Faculdade de Educação da Universidade de São Paulo (Gepefe – FE/USP), grupo coordenado pelos profs. drs. Selma Garrido Pimenta, Maria Isabel de Almeida, Yoshie Ussami F. Leite e José Cerchi Fusari. Agradeço a todos os que, intelectual e afetivamente, trouxeram contribuições ao processo formativo realizado na esfera coletiva e sempre se mostraram dispostos a compartilhar conhecimentos e experiências.

Agradeço ainda aos colegas de trabalho de ontem e de hoje; àqueles do Serviço Social da Indústria, aos da Escola da Vila, aos da Rede Municipal de Educação Infantil de São Paulo, aos do Departamento de Orientações Educacionais e Pedagógicas da Secretaria Municipal de Educação de Guarulhos. Agradeço a oportunidade de conviver e aprender com cada uma das pessoas que fizeram parte de minha trajetória profissional.

Sumário

Aos professores 9

Apresentação da coleção 11

Introdução 21

Capítulo I Sobre o registro 27

    1. O que é registrar? Registrar para quê?
Um diálogo com autores,
pesquisadores e professores 29

    2. O educador e o registro 41

       2.1 O educador e o desenho: a recuperação
da linguagem não verbal 46

    3. A criança e o registro:
o desenho como linguagem 53

       3.1 O desenho como forma
privilegiada de registro 56

Capítulo II Registro e memória
e a memória do registro 61

    1. O registro no contexto
da Educação Infantil 63

    2. A memória do registro: buscando práticas
de registro docente através do tempo 71

       3. Escola Nova: o registro
         e a produção/divulgação
         de conhecimentos pedagógicos 87
       4. Registro e memória 95
         4.1 Sobre memória 95
         4.2 A narrativa silenciada:
          para onde foi a experiência docente? 99
         4.3 Registro de práticas
          e recuperação da autoria 102

Capítulo III O REGISTRO DE PRÁTICAS PEDAGÓGICAS
        PRODUZIDO POR PROFESSORES 109
       1. Cadernos de registro diário 115
       2. Portfólios de projetos 130
       3. Outros registros 142
       4. Os diferentes registros na construção
        do portfólio de um projeto 149

Capítulo IV CONSIDERAÇÕES FINAIS 157
       1. Registro de práticas: da atitude
        individual ao projeto coletivo
        – entre limites e possibilidades 159
       2. Autoria, produção de saberes, reflexão
        e emancipação: o registro de práticas
        como instrumento formativo 164
       3. Registro e formação de professores:
        por uma análise crítica da proposta 167

BIBLIOGRAFIA 173
ANEXOS   189

AOS PROFESSORES

A Cortez Editora tem a satisfação de trazer ao público brasileiro, particularmente aos estudantes e profissionais da área educacional, a Coleção Docência em Formação, destinada a subsidiar a formação inicial de professores e a formação contínua daqueles que se encontram no exercício da docência.

Resultado de reflexões, pesquisas e experiências de vários professores especialistas de todo o Brasil, a coleção propõe uma integração entre a produção acadêmica e o trabalho nas escolas. Configura um projeto inédito no mercado editorial brasileiro por abarcar a formação de professores para todos os níveis de escolaridade: educação básica (incluindo a educação infantil, o ensino fundamental e o ensino médio) e a educação superior; a educação de jovens e adultos e a educação profissional. Completa essa formação com as problemáticas transversais e com os saberes pedagógicos.

Com mais de 25 anos de experiência e reconhecimento, a Cortez é uma referência no Brasil, nos demais países latino-americanos e em Portugal pela coerência de sua linha editorial e atualidade dos temas que publica, especialmente na área da educação, entre outras. É com orgulho e satisfação que lançamos esta coleção, pois estamos convencidos de que representa novo e valioso impulso e colaboração ao pensamento pedagógico e à valorização do trabalho dos professores na direção de uma melhoria da qualidade social da escolaridade.

José Xavier Cortez
Diretor

Apresentação da coleção

A **Coleção Docência em Formação** tem por objetivo oferecer aos professores em processo de formação, e aos que já atuam como profissionais da educação, subsídios formativos que levem em conta as novas diretrizes curriculares, buscando atender, de modo criativo e crítico, às transformações introduzidas no sistema nacional de ensino pela Lei de Diretrizes e Bases da Educação Nacional de 1996. Sem desconhecer a importância desse documento como referência legal, a proposta desta coleção identifica seus avanços e seus recuos e assume como compromisso maior buscar uma efetiva interferência na realidade educacional por meio do processo de ensino e de aprendizagem, núcleo básico do trabalho docente social. Seu propósito é, pois, fornecer aos docentes e alunos das diversas modalidades dos cursos de formação de professores e aos docentes em exercício textos de referência para sua preparação científica, técnica e pedagógica. Esses textos contêm subsídios formativos relacionados ao campo dos saberes pedagógicos, bem como ao dos saberes ligados aos conhecimentos especializados das áreas de formação profissional.

A proposta da coleção parte de uma concepção orgânica e intencionada da educação e da formação de seus profissionais, tendo bem claro que professores se pretende formar para atuar no contexto da sociedade brasileira contemporânea, marcada por determinações históricas específicas.

> Trata-se da Lei nº 9.394, de 20 de dezembro de 1996, Lei de Diretrizes e Bases da Educação Nacional (LDB). Essa lei aplica ao campo da educação os dispositivos constitucionais, constituindo, assim, a referência fundamental da organização do sistema educacional do país.

Apresentação da coleção

> Os professores exercem papel imprescindível e insubstituível no processo de mudança social.

Como bem o mostram estudos e pesquisas recentes na área, os professores são profissionais essenciais nos processos de mudança das sociedades. Se forem deixados à margem, as decisões pedagógicas e curriculares alheias, por mais interessantes que possam parecer, não se efetivam, não geram efeitos sobre a sociedade. Por isso é preciso investir na formação e no desenvolvimento profissional dos professores.

> As escolas precisam passar por profundas transformações em suas práticas e culturas para enfrentar os desafios do mundo contemporâneo.

Na sociedade contemporânea, as rápidas transformações no mundo do trabalho, o avanço tecnológico configurando a sociedade virtual e os meios de informação e comunicação incidem fortemente na escola, aumentando os desafios para torná-la uma conquista democrática efetiva. Transformar práticas e culturas tradicionais e burocráticas das escolas que, por meio da retenção e da evasão, acentuam a exclusão social não é tarefa simples nem para poucos. O desafio é educar as crianças e os jovens, propiciando-lhes um desenvolvimento humano, cultural, científico e tecnológico, de modo que adquiram condições para enfrentar as exigências do mundo contemporâneo. Tal objetivo exige esforço constante de diretores, professores, funcionários e pais de alunos e de sindicatos, governantes e outros grupos sociais organizados.

> Na complexa tarefa de aprimoramento da qualidade do trabalho escolar, os professores contribuem com seus saberes, seus valores e suas experiências.

Não ignoramos que esse desafio precisa ser prioritariamente enfrentado pelas políticas de governo. Todavia, os professores são profissionais essenciais na construção dessa nova escola. Nos anos 1980-90, diferentes países realizaram grandes investimentos na área da formação e desenvolvimento profissional de professores para essa finalidade. Os professores contribuem com seus saberes, seus valores, suas experiências nessa complexa tarefa de melhorar a qualidade social da escolarização.

Entendendo que a democratização do ensino passa pelos professores, por sua formação, por sua valorização profissional e por suas condições de trabalho, pesquisadores têm defendido a importância do investimento no seu desenvolvimento profissional. Esse processo de valorização envolve formação inicial e continuada, articulada, identitária e profissional. Essa formação identitária é epistemológica, ou seja, reconhece a docência como um campo de conhecimentos específicos configurados em quatro grandes conjuntos, a saber: 1) conteúdos das diversas áreas do saber e do ensino, ou seja, das ciências humanas e naturais, da cultura e das artes; 2) conteúdos didático-pedagógicos, diretamente relacionados ao campo da prática profissional; 3) conteúdos ligados a saberes pedagógicos mais amplos do campo teórico da prática educacional; 4) conteúdos ligados à explicitação do sentido da existência humana individual, com sensibilidade pessoal e social. E essa formação identitária é também profissional, ou seja, a docência constitui um campo específico de intervenção profissional na prática social.

> A formação docente é um processo permanente e envolve a valorização identitária e profissional dos professores.

> A identidade do professor é simultaneamente epistemológica e profissional, realizando-se no campo teórico do conhecimento e no âmbito da prática social.

O desenvolvimento profissional dos professores é objetivo de propostas educacionais que valorizam a sua formação não mais baseada na racionalidade técnica, que os considera meros executores de decisões alheias, mas em uma perspectiva que reconhece sua capacidade de decidir. Ao confrontar suas ações cotidianas com as produções teóricas, é necessário rever as práticas e as teorias que as informam, pesquisar a prática e produzir novos conhecimentos para a teoria e a prática de ensinar. Assim, as transformações das práticas docentes só se efetivarão se o professor ampliar sua consciência sobre a própria prática, a de sala de aula e a da escola

> A transformação da prática do professor decorre da ampliação de sua consciência crítica sobre essa mesma prática.

como um todo, o que pressupõe os conhecimentos teóricos e críticos sobre a realidade. Tais propostas enfatizam que os professores colaboram para transformar a gestão, os currículos, a organização, os projetos educacionais e as formas de trabalho pedagógico das escolas. Assim, reformas produzidas nas instituições sem tomar os professores como parceiros/autores não transformam a qualidade social da escola. Em consequência, valorizar o trabalho docente significa dar aos professores condições para analisar e compreender os contextos histórico, social, cultural e organizacional que fazem parte de sua atividade docente.

> Têm-se cobrado dos professores responsabilidades que ultrapassam suas atribuições no plano individual. Cabe-lhes, sim, apontar coletivamente caminhos institucionais para enfrentar essas novas demandas.

Na sociedade brasileira contemporânea novas exigências são acrescentadas ao trabalho dos professores. Com o colapso das velhas certezas morais, cobra-se deles que cumpram funções da família e de outras instâncias sociais; que respondam à necessidade de afeto dos alunos; que resolvam os problemas da violência, da droga e da indisciplina; que preparem melhor os alunos para as áreas de matemática, de ciências e tecnologia para colocá-los em melhores condições de enfrentar a competitividade; que restaurem a importância dos conhecimentos e a perda da credibilidade das certezas científicas; que sejam os regeneradores das culturas/identidades perdidas com as desigualdades/diferenças culturais; que gerenciem as escolas com parcimônia; que trabalhem coletivamente em escolas com horários cada vez mais reduzidos. Em que pese a importância dessas demandas, não se pode exigir que os professores individualmente as atendam. Espera-se, pois, que, coletivamente, apontem caminhos para o enfrentamento dessas exigências.

É nesse contexto complexo que se faz necessário ressignificar a identidade do professor. O ensino, atividade característica dele, é uma prática social complexa, carregada de conflitos de valor e que exige posturas éticas e políticas. Ser professor requer saberes e conhecimentos científicos, pedagógicos, educacionais, sensibilidade, indagação teórica e criatividade para encarar as situações ambíguas, incertas, conflituosas e, por vezes, violentas, presentes nos contextos escolares e não escolares. É da natureza da atividade docente proceder à mediação reflexiva e crítica entre as transformações sociais concretas e a formação humana dos alunos, questionando os modos de pensar, sentir, agir e de produzir e distribuir conhecimentos.

> Para enfrentar os desafios das situações de ensino, o profissional da educação precisa da competência do conhecimento, de sensibilidade ética e de consciência política.

> Valorizar o trabalho docente implica dar aos professores condições para análise crítica do contexto em que se realiza sua prática educativa.

Problematizando e analisando as situações da prática social de ensinar, o professor utiliza o conhecimento elaborado das ciências, das artes, da filosofia, da pedagogia e das ciências da educação como ferramenta para a compreensão e a proposição do real.

Esta coleção investe na valorização da capacidade de decisão dos professores. Assim, discutir os temas que permeiam o cotidiano das atividades escolares, como projeto pedagógico, autonomia, identidade e profissionalismo dos professores, violência, cultura, religiosidade, importância do conhecimento e da informação na sociedade contemporânea, a ação coletiva e interdisciplinar, as questões de gênero, o papel do sindicato na formação, entre outros, articulados aos contextos institucionais, às políticas públicas e confrontados com experiências de outros contextos escolares e com teorias, é o caminho que esta coleção propõe.

> O caminho proposto por esta coleção é o da discussão dos temas do cotidiano escolar, ligados aos contextos institucionais e às políticas públicas e confrontados com as teorias e a experiência.

Os livros que a compõem apresentam um tratamento teórico-metodológico relacionado a três premissas:

1. Há estreita vinculação entre os conteúdos científicos e pedagógicos. 2. Produz-se conhecimento de forma construtiva. 3. Existe estrita ligação entre teoria e prática.

Assim, de um lado, é preciso considerar que a atividade profissional de todo professor possui uma natureza pedagógica, isto é, vincula-se a objetivos educativos de formação humana e a processos metodológicos e organizacionais de transmissão e apropriação de saberes e modos de ação. O trabalho docente está impregnado de intencionalidade, pois visa à formação humana por meio de conteúdos e habilidades, de pensamento e ação, o que implica escolhas, valores, compromissos éticos. Isso significa introduzir objetivos de natureza conceitual, procedimental e valorativa, em relação aos conteúdos da matéria que ensina; transformar o saber científico ou tecnológico em conteúdos formativos; selecionar e organizar conteúdos de acordo com critérios lógicos e psicológicos, em função das características dos alunos e das finalidades do ensino; utilizar métodos e procedimentos de ensino específicos, inserindo-os em uma estrutura organizacional em que participe de decisões e ações coletivas. Por isso, para ensinar, o professor necessita de conhecimentos e práticas que ultrapassem o campo de sua especialidade.

De outro lado, é preciso levar em conta que todo conteúdo de saber é resultado de um processo de construção de conhecimento. Por isso, dominar conhecimentos não quer dizer apenas apropriação de dados objetivos pré-elaborados, produtos prontos do saber acumulado. Mais do que dominar os produtos, interessa aos alunos compreender que estes são resultantes de um processo de investigação humana. Assim trabalhar o conhecimento no processo formativo dos alunos

A atividade pedagógica tem estreita vinculação com os objetivos educacionais, com os processos metodológicos e organizacionais da apropriação e da transmissão do saber e do agir.

Os conteúdos do saber decorrem intrinsecamente de um processo de construção do conhecimento; não são produtos acumulados.

significa proceder à mediação entre os significados do saber no mundo atual e aqueles dos contextos nos quais foram produzidos. Significa explicitar os nexos entre a atividade de pesquisa e seus resultados; portanto, instrumentalizar os alunos no próprio processo de pesquisar.

> A construção do conhecimento se dá mediante a prática da pesquisa. Ensinar e apreender só ocorrem significativamente quando decorrem de uma postura investigativa de trabalho.

Na formação de professores, os currículos devem considerar a pesquisa como princípio cognitivo, investigando com os alunos a realidade escolar, desenvolvendo neles essa atitude investigativa em suas atividades profissionais e assim tornando a pesquisa também princípio formativo na docência.

Além disso, é no âmbito do processo educativo que mais íntima se afirma a relação entre a teoria e a prática. Essencialmente, a educação é uma prática, mas uma prática intencionada pela teoria. Disso decorre atribuirmos importância ao estágio no processo de formação do professor. Entendendo que ele faz parte de todas as disciplinas, percorrendo o processo formativo desde o início, os livros desta coleção sugerem várias modalidades de articulação direta com as escolas e demais instâncias, nas quais os professores atuarão, apresentando formas de estudo, análise e problematização dos saberes nelas praticados. O estágio também pode servir de espaço de projetos interdisciplinares, ampliando a compreensão e o conhecimento da realidade profissional de ensinar. As experiências docentes dos alunos que já atuam no magistério, como também daqueles que participam da formação continuada, devem ser valorizadas como referências importantes para serem discutidas e refletidas nas aulas.

> No processo educativo, teoria e prática se associam, e a educação é sempre prática intencionalizada pela teoria.

> O estágio e as experiências docentes acumuladas assumem papel relevante na formação do professor.

> Formar o profissional de educação exige um investimento competente e crítico nas esferas do conhecimento da ética e da política.

Considerando que a relação entre as instituições formadoras e as escolas pode representar a continuidade da formação para os professores das escolas, assim como para os formadores, os livros sugerem a realização de projetos conjuntos. Essa relação poderá propiciar ao aluno em formação oportunidade para rever e aprimorar sua escolha pelo magistério.

Para subsidiar a formação inicial e continuada dos professores onde quer que se realize, nas faculdades isoladas, nos centros universitários e no ensino médio, esta coleção está assim estruturada:

Educação Infantil
profissionais de creche e pré-escola

Ensino Fundamental
professores da 1ª à 4ª série e da 5ª à 8ª série

Ensino Médio
professores do ensino médio

Ensino Superior
professores do ensino superior

Educação Profissional
professores do ensino profissional

Educação de Jovens e Adultos
professores de jovens e adultos em cursos especiais

Saberes Pedagógicos e Formação de Professores

Problemáticas Transversais e Formação de Professores

Em síntese, a elaboração dos livros desta coleção baseia-se nos seguintes pontos:

- Investir no conceito de desenvolvimento profissional, superando a visão dicotômica de formação inicial e de formação continuada.

- Investir em sólida formação teórica nos campos que constituem os saberes da docência.

- Considerar a formação voltada para o profissionalismo docente e para a construção da identidade de professor.

- Tomar a pesquisa como componente essencial da/na formação.

- Considerar a prática social concreta da educação como objeto de reflexão/formação ao longo do processo formativo.

- Assumir a visão de totalidade do processo escolar/educacional em sua inserção no contexto sociocultural.

- Valorizar a docência como atividade intelectual, crítica e reflexiva.

- Considerar a ética como fundamental à formação e à atuação docente.

> Investir em uma concepção orgânica de formação dos professores mediante um tratamento metodológico que vincula os campos dos saberes da docência: o propósito dos livros desta coleção.

Antônio Joaquim Severino
Selma Garrido Pimenta
coordenadores

Via Láctea

"Ora (direis) ouvir estrelas! Certo
Perdeste o senso!" E eu vos direi, no entanto,
Que, para ouvi-las, muita vez desperto
E abro as janelas, pálido de espanto...

E conversamos toda a noite enquanto
A Via Láctea, como um pálio aberto,
Cintila. E ao vir do Sol, saudoso e em pranto,
Inda as procuro pelo céu deserto.

Direis agora: "Tresloucado amigo!
Que conversas com elas? Que sentido
Tem o que dizem, quando estão contigo?"

E eu vos direi: "Amai para entendê-las!
Pois só quem ama pode ter ouvido
Capaz de ouvir e de entender estrelas."

Olavo Bilac

– Qual a diferença entre baleias e tubarões?
Júlio: É a mesma coisa. Baleia é grande e tubarão é médio.
Ygor: O tubarão não tem "buraquinho" por onde espirra água.
Wesley: Tem risquinhos do lado pra respirar. Também tem nariz.
Gabriel: Ele tem dois buracos pra cheirar sangue.
Lucas: Ele respira dentro da água porque não pula para fora igual à baleia. Come pessoa porque é comida. O sangue ele bebe depois. É bebida.
Danilo: O sangue é sobremesa.
(Projeto Bichos do Mar, 23/9/2004)

Introdução

Introdução

O presente livro é fruto de dissertação de mestrado apresentada à Faculdade de Educação da Universidade de São Paulo, na linha de pesquisa Didática, teorias do ensino e práticas escolares, sob orientação do professor doutor José Cerchi Fusari. Mas sua essência tem raízes mais profundas, na própria gênese de meu trabalho como professora de Educação Infantil. Foi nesse contexto que se iniciou a reflexão sobre o tema de que tratamos aqui e também a concretização, na prática, dos registros.

Apresentamos um livro que nos fala sobre educadores, sobre educação infantil, sobre registro de práticas. Nessa teia entrelaçam-se elementos distintos e complementares, como formação de professores, desenvolvimento profissional, memória, autoria. Trata-se de esforço no sentido da melhoria da qualidade do ensino, na busca de uma educação da melhor qualidade (Rios, 2001), que faz bem a todos os envolvidos – educadores, crianças, comunidade. É uma tentativa de mostrar à sociedade e, especialmente, às políticas públicas o valor da educação, dos professores, de suas práticas.

O trabalho encontra seus fundamentos em uma concepção de educação como práxis, prática inserida em um contexto real, problemático, contraditório. Educação como espaço de transformação, de mudança, de criação. Educação como aprendizagem, desenvolvimento, formação, acesso à cultura, ao saber acumulado, à humanidade. Espaço de encontro entre gerações, entre conhecimentos, entre pessoas que constroem história.

Pautamo-nos em uma concepção de criança como produtora de conhecimento, ser ativo no processo de aprendizagem, sujeito que deixa marcas. Marcas que são registros de seu pensamento, de suas concepções, de seus sentimentos.

Tomamos ainda como pressuposto a concepção de professor como intelectual, pesquisador reflexivo. Um professor autor de sua prática, autor de seu trabalho diário com as crianças, tecendo o cotidiano em um exercício laborioso e complexo, produtor de conhecimentos pedagógicos enquanto atua e reflete sobre sua prática à luz da teoria. Sujeito social e histórico que constrói experiências e encontra, no registro, possibilidade de produzir memória, de reconstruir uma profissionalidade marcada pela desvalorização social.

Partimos também da ideia de escola reflexiva, organização aprendente (Alarcão, 2002), acreditando que a efetiva mudança se processa por meio do trabalho coletivo, da transformação organizacional, e não apenas individual.

Apresentamos um texto em que diferentes fios se entrelaçam para formar uma teia; memória, reflexão, formação, desenvolvimento profissional, Educação Infantil unem-se ao tratarmos deste objeto: o registro de práticas. Registro como documentação, como pensamento, como desenvolvimento profissional, como valorização do complexo ofício de educar crianças pequenas.

Nessa trama na qual história, educação e políticas públicas aparecem entrelaçadas – porque não podemos prescindir de condições de trabalho que nos permitam efetivamente construir uma educação de boa qualidade –, buscamos responder à seguinte questão: *qual a contribuição do registro de práticas pedagógicas para o processo de formação em serviço e de desenvolvimento profissional do professor? Reformulando/completando: quais as possibilidades e as limitações encerradas na prática do registro docente? O que dizem os registros produzidos por professores de Educação Infantil?* A investigação tomou como foco de análise o contexto da Educação Infantil, considerando as especificidades desse nível de ensino e dos educadores que nele atuam.

Cabe esclarecer o que entendemos por "registro" no contexto educacional. Ao falar em registro, fazemos referência à ação de escrever sobre a prática pedagógica, o que implica relembrar, narrar, relatar, analisar, pensar, pesquisar. Podemos encontrar diferentes tipos de registros – planos de ensino, semanários, diários, relatórios de acompanhamento e avaliação de alunos, relatos de atividades, projetos, entre outros –, servindo a diferentes finalidades: estabelecimento de intenções e objetivos, comunicação de avaliação, divulgação de experiência, retomada de um processo vivenciado pelo grupo, reflexão sobre a prática pedagógica, replanejamento.

> Refiro-me ao registro diário realizado pelo professor como forma de avaliação de seu cotidiano junto aos alunos, e não aos diários de classe, que cumprem uma função burocrática, ou aos semanários, equivalentes a planejamentos realizados pelos professores.

Portanto, pautamo-nos na hipótese de que o registro docente constitui *instrumento favorável à reflexão e à construção de uma postura investigativa por parte do professor, contribuindo, assim, para o processo de formação.*

Nesse sentido, no Capítulo I, elucidamos o conceito de registro mediante uma interlocução com diferentes autores, procurando formar uma concepção que considere as diferentes linguagens e a criança como produtora de marcas.

No Capítulo II, apresentamos reflexões sobre a memória em suas relações com o registro, recuperando, na história da Educação Infantil em São Paulo e na história da educação no Brasil, registros de práticas produzidos em outros tempos e espaços. Procuramos escutar vozes de professoras de épocas passadas, mas infelizmente não pudemos ter acesso a muitas dessas marcas. Trata-se de experiências, práticas e sabedoria que não encontraram, nos arquivos oficiais, lugar onde abrigar-se para fugir do esquecimento e do anonimato. Memória que oferece poucas brechas para a voz do professor, que é, na verdade, o responsável direto pela construção da história da educação e da escola.

No Capítulo III, recupero meus registros diários, portfólios de projetos, relatos de atividades, textos que documentam uma trajetória profissional. Papéis, imagens, desenhos que representam minha história, uma história particular como a de tantas outras professoras de hoje e de ontem. Uma história de práticas vivas, de crianças reais, de escolas que diariamente deixam suas marcas. Percebo esses registros em suas possibilidades formativas, procurando responder a algumas questões: 1) O que dizem os materiais? 2) Em que medida contribuíram para meu processo de desenvolvimento profissional e de melhoria da prática?

Considerações finais são efetuadas no Capítulo IV.

Refletir sobre a complexidade da prática implica perceber a escola como espaço de desenvolvimento profissional e a formação como dinâmica contínua e permanente. Nesse sentido, passamos a considerar o registro como inerente ao processo educacional. Percebemos sua importância não apenas para a reflexão, para o planejamento, para a avaliação, mas também para a produção de memória, para a construção de conhecimento, para a promoção da autoria. Registrar implica valorizar o trabalho docente, perceber sua especificidade, mostrar à sociedade sua relevância. E perceber que fazemos a diferença na vida das crianças que passam por nós. Registro compreendido não apenas em seu caráter técnico, mas sobretudo político, já que registrar não constitui um ato neutro, mas é permeado de intenções. Uma delas é que a educação seja concebida como prioridade pelas políticas públicas.

Trata-se de perspectiva crítica, emancipatória, que se propõe enxergar além das aparências e não entende a formação de professores – apesar de julgá-la essencial – como o único fator responsável pela melhoria da qualidade do ensino. O ensino como prática real demanda consideração do contexto, dos atores, da escola em suas múltiplas esferas.

Convidamos o leitor – professor, pesquisador, educador – a caminhar conosco nesta viagem, desejosos de poder contribuir efetivamente para a construção de uma escola pública de boa qualidade.

Capítulo I

Sobre o registro

Sobre o registro

1. O que é registrar? Registrar para quê? Um diálogo com autores, pesquisadores e professores

Com a intenção de construir o conceito e o significado do termo "registrar", iniciemos agora um diálogo com alguns autores que tratam da temática. Participarão de nossa conversa Madalena Freire (1983, 1996), Paulo Freire (1993), Cecília Warschauer (1993, 2001), Miguel Ángel Zabalza (1994) e Júlia Oliveira-Formosinho (2002), além de nós mesmos, como autores, e os leitores que, à medida que leem, constroem um sentido e uma compreensão para o texto que lhes é apresentado.

Quem primeiro se manifesta na roda é Zabalza (1994). Em pesquisa desenvolvida com sete sujeitos, todos eles alunos regulares de um curso de Pedagogia e professores de diferentes escolas e níveis, procurou analisar a contribuição dos diários para o estudo do ensino e do pensamento do professor, bem como dos dilemas por eles enfrentados em sua prática. O autor argumenta que os diários docentes, assim como outros documentos pessoais e materiais autobiográficos, constituem importante instrumento de análise do pensamento do professor, já que *"no diário o professor expõe-explica-interpreta a sua ação cotidiana na aula e fora dela"* (p. 91). O diário funciona ainda como reflexão para seu escritor, encerrando, portanto, possibilidades formativas.

Tomando por base o paradigma do pensamento docente, que tem como pressupostos a consideração dos professores como profissionais racionais e a percepção de que a atuação docente

Zabalza define dilema como *"todo o conjunto de situações bipolares e multipolares que se apresentam ao professor no desenrolar de sua atividade profissional"* (p. 61). Nesse sentido, o ensino é concebido como *"gestão profissional de espaços problemáticos"* (p. 64).

é dirigida pelo pensamento do professor, no qual a relação teoria-prática não é totalmente objetiva e direta, Zabalza enfatiza a complexidade da prática pedagógica, concebendo o professor como um "prático" produtor de conhecimentos com base em sua ação e nos dilemas nela presentes. Nesse sentido, a produção do registro diário, entendido como *"diálogo que o professor, através da leitura e da reflexão, trava consigo mesmo acerca da sua atuação nas aulas"* (p. 95), possibilita a expressão do pensamento do professor e a autoformação por meio da reflexão.

Zabalza (1994), considerando a diversidade de formas empregadas pelos professores para registrar sua ação cotidiana, distingue quatro tipos de diário:

- *diário como organizador estrutural da aula:* diários com especificação de horários e atividades apenas;
- *diário como descrição das tarefas*: diários cujo foco principal são as atividades desenvolvidas na aula, narradas com maior ou menor detalhamento;
- *diário como expressão das características dos alunos e do professor:* diários nos quais o foco são os sujeitos envolvidos no processo, descrevendo características dos alunos, sentimentos, percepções;
- *diário misto:* no qual todos os aspectos acima apontados encontram-se presentes, o que potencializa ainda mais seu papel formativo.

A reflexão, *"uma das componentes fundamentais dos diários de professores"* (p. 95), aparece nos diários sob duas formas:

- reflexão sobre o objeto narrado (componente referencial dos diários);
- reflexão sobre si próprio (componente expressiva).

O diário traz consigo grande implicação pessoal, o que, para o autor, o converte em um documento pessoal e autobiográfico ao lado de outros, como história de vida, cartas, diários íntimos, biografias. No diário expressa-se não apenas o professor, mas também a pessoa, seus anseios, dúvidas, valores e crenças.

Até que ponto o professor/autor efetivamente se expõe ao leitor? A escrita do diário dependerá em grande parte do modo como esses registros são recebidos pelo leitor/interlocutor; nesse sentido, pelo diário o professor pode revelar-se de maneira mais aberta ou, ao contrário, proteger-se por meio da escrita, construindo uma imagem "adequada" de seu "eu" profissional.

O pesquisador finaliza sua participação neste capítulo com a seguinte fala:

> *o próprio fato de escrever, de escrever sobre sua própria prática, leva o professor a aprender através da sua narração. Ao narrar a sua experiência recente, o professor não só a constrói linguisticamente, como também a reconstrói ao nível do discurso prático e da atividade profissional (a descrição se vê continuamente excedida por abordagens reflexivas sobre os porquês e as estruturas de racionalidade e justificação que fundamentam os factos narrados). Quer dizer, a narração constitui-se em reflexão* (Zabalza, 1994, p. 95).

Passemos a palavra, então, a Cecília Warschauer (1993, 2001). Em sua dissertação de mestrado, Warschauer (1993) realiza reflexão e análise sobre seus registros e ações como professora de 4ª série do ensino fundamental[Atual 5º ano.]. Ela acredita que, além de favorecer a reflexão, o registro possibilita a construção da memória e da história, enfatizando o papel do diálogo e da experiência grupal na formação. Considera não apenas o *registro*, mas também a *roda* – simbolismo do encontro, da interação, do diálogo – instrumentos formativos. Quanto ao registro, percebe-o como possibilidade de formação, de reflexão, de introversão, tendo em vista a compreensão, a busca de sentido para a ação cotidiana em sala de aula.

SOBRE O REGISTRO

> *O Registro é um grande instrumento para a sistematização e organização dos conhecimentos. É também a possibilidade de que a Roda não se feche em si mesma, mas se abra para o mundo. Através de textos, os conhecimentos ali gestados podem, por exemplo, atingir outros grupos* (Warschauer, 1993, p. 56).

Em breve visita à Associação Criança, instituição não governamental filiada à Universidade do Minho (Portugal), pude conhecer um pouco melhor o processo de documentação e observar alguns portfólios produzidos pelos educadores do Colégio Pedro V. Materiais riquíssimos, repletos de imagens das crianças e suas produções, registros de conversas, descobertas e visitas dos pais ao grupo, falas das crianças e comentários das educadoras. Os portfólios individuais também revelam a intenção de dar voz à criança: mensalmente a professora escolhe uma produção, comenta sua escolha e solicita à criança que faça o mesmo. São ainda anexados relatos de observação sobre a criança produzidos pela educadora, bem como algumas fotos. Cabe destacar também a organização do espaço das salas que abrigam os grupos de crianças e a rotina de trabalho, proposta que tem como referências High-Scope, MEM (Movimento da Escola Moderna), Reggio Emilia e Trabalho de Projetos. A documentação insere-se, portanto, em uma concepção de educação, de criança, de educador, vinculando-se a um projeto pedagógico bastante definido. Aproveito para agradecer às professoras Júlia Oliveira-Formosinho e Ana Azevedo pela atenção, receptividade e acolhimento.

Em pesquisa de doutorado, Warschauer (2001) prossegue a análise sobre sua formação, refletindo sobre as diferentes oportunidades formativas presentes na escola e fora dela. Enfatiza a importância de a escola, como ambiente de trabalho docente, oferecer ao professor possibilidades de formação em serviço com base na percepção de sua subjetividade, considerando a pessoa existente nele. Nesse contexto, o registro aparece como instrumento formativo, favorecendo a *construção da identidade* pelo estabelecimento de pontes entre passado e futuro, entre memória e projetos, possibilitadas pela narrativa.

A preocupação com a pessoa e com a subjetividade do professor faz que a autora, assim como Zabalza (1994), considere o diário como instrumento no qual as dimensões pessoal e profissional apareçam integradas: *"o professor enquanto pessoa, identidade única, mostra-se em seu texto"* (Warschauer, 2001, p. 187). A escrita, como oportunidade formativa, possibilita a construção da *autoria*, a *teorização das práticas*, a construção de *história e de identidade*.

Convidamos a participar de nossa roda as professoras e pesquisadoras portuguesas Júlia Oliveira-Formosinho e Ana Azevedo (2002). Chegam até nós para contar um pouco da experiência com formação de professores e falar sobre o trabalho com os registros, especialmente com os *portfólios*, assim chamados por constituírem uma seleção de registros, documentação sistemática, instrumento auxiliar no trabalho junto aos alunos e na formação. O registro possibilita a *compreensão da realidade* e, com isso, sua transformação: *"a aprendizagem da documentação pedagógica como uma prática para o desenvolvimento e a reflexão"* (p. 115). A documentação, nesse sentido, pode ser considerada processo de aprendizagem, instrumento de reflexão, *ponto de partida para a reconstrução do trabalho pedagógico*: é com base na análise da realidade que se torna possível perceber dificuldades e aspectos a ser trabalhados tendo em vista a melhoria da ação.

Oliveira-Formosinho e Azevedo falam-nos ainda da não neutralidade do ato de registrar: *"a documentação não é uma representação direta do que a criança faz ou diz, ou seja, não é uma verdadeira prova do que aconteceu"* (2002, p. 133). O registro passa pela subjetividade de seu autor, que seleciona o que vai ser documentado e interpreta o vivido de acordo com as próprias concepções e crenças.

Para finalizar sua apresentação, Júlia Oliveira-Formosinho e Ana Azevedo completam:

> *A documentação oferece aos professores uma oportunidade ímpar para escutar de novo, para olhar de novo, para revisitar os acontecimentos e os processos dos quais indireta e colaborativamente foram coprotagonistas [...]. Por isso, a documentação é também um processo dialógico de construção social de significados atribuídos ao processo de aprendizagem das crianças, dos adultos e por elas responsáveis e dos que copesquisam o processo no contexto da intervenção* (2002, p. 135).

Madalena Freire (1996), até então quieta, decide manifestar sua opinião, situando o registro como *instrumento metodológico* ao lado do planejamento, da observação e da avaliação. Destaca-o como instrumento favorável à reflexão sobre a realidade observada, construção de memória e de história. *"O registrar de sua reflexão cotidiana significa abrir-se para seu processo de aprendizagem"* (p. 6), significa perguntar, questionar, inquietar-se perante o observado, o que leva à busca, à transformação, à ampliação do pensar. Para tornar-se efetivamente sujeito de sua prática, o educador precisa apropriar-se de sua reflexão, de seu pensamento, de sua ação. E o registro possibilita a reflexão sistemática sobre a prática, imprescindível à tarefa do educador. *"Este aprendizado do registro é o mais poderoso instrumento de construção da consciência pedagógica e política do educador"*, afirma Freire (1996, p. 6). Mediado pela reflexão possibilitada pelo registro, o educador apropria-se das teorias subjacentes à sua ação, o que o conduz ao aprofundamento do pensar.

Em seu livro *A paixão de conhecer o mundo* (1983), Madalena Freire torna públicos seus relatórios produzidos como professora nos anos de 1978 e 1981 na tentativa de ampliar o diálogo com outros educadores, como afirma na introdução da obra. Percebemos, portanto, a importância da socialização de experiências para a formação do professor e do registro de práticas como instrumento que favorece a divulgação e a publicação dessas experiências. Formação que se dá no grupo, no contexto, na interação; formação que pressupõe reflexão, apropriação da prática e da teoria a ela subjacente, construção da autoria: diálogo consigo mesmo, com outros educadores, com autores, com teorias, com os alunos, com as propostas formativas. Propostas que vão assumindo sentidos tão diversos quanto o são os professores, com suas memórias, projetos, identidades: percurso individual realizado no coletivo.

Convidamos a participar da roda o educador Paulo Freire (1993), cuja experiência e sabedoria certamente trarão importantes contribuições à temática em questão. Primeiramente, ele nos fala sobre a complexidade do ato de escrever, que não se reduz a um ato mecânico precedido pelo pensar. Iniciamos a escrita antes de chegarmos ao papel: ela começa em nossas experiências, na maneira pela qual nos vamos posicionando ante os acontecimentos e refletindo sobre eles, reflexão que tem continuidade durante a escrita e posteriormente a ela, quando voltamos àquilo que escrevemos e lhe atribuímos outros sentidos, percebemos outras implicações. O professor é aprendiz e *"tem, no seu ensinar, um momento rico de seu aprender"* (p. 28), aprender que se fundamenta na análise crítica de sua prática, mediada pelo estudo da realidade e de sua ação.

Para o autor, *estudar* implica o ato de ler não apenas a palavra, mas também a realidade. Ler e escrever entendidos como processos inseparáveis e relacionados ao processo geral de conhecer, atitudes indispensáveis ao ofício docente. Paulo Freire enfatiza a necessidade de vivermos intensamente a leitura e a escrita, sugerindo que, ao menos três vezes por semana, escrevêssemos algo a fim de exercitar essa ação.

Para que o educador seja efetivamente autor de sua prática, é preciso que ela se torne objeto de estudo, de observação, de reflexão. Recorrendo à definição apresentada para o ato de estudar, percebemos sua relação com o registro: *"Estudar é desocultar, é ganhar a compreensão mais exata do objeto, é perceber suas relações com outros objetos. Implica que o estudioso, sujeito do objeto do estudo, se arrisque, se aventure, sem o que não cria nem recria"* (Freire, 1993, p. 33).

Registrar pode ser considerado, então, ato de estudar, o que pressupõe observação e leitura da realidade, construção de sentido para aquilo que nos é apresentado. *"Precisamos exercitar a capacidade de observar, registrando o que observamos. Mas registrar não se esgota no puro ato de fixar com pormenores o observado tal qual para nós se deu. Significa também arriscar-nos a fazer observações críticas e avaliativas a que não devemos, contudo, emprestar ares de certeza"* (Freire, 1993, p. 68).

A conversa continuava quando recebemos a visita de Mireille Cifali (2001), professora da Universidade de Genebra que também tem refletido sobre o papel da escrita na formação de professores. Sua contribuição apresenta-se fundamentada na psicanálise, situando o ensino entre os ofícios que lidam com o ser humano e sugerindo a construção da conduta clínica na qual há espaço para o envolvimento, para a consideração da singularidade de toda situação e pessoa, para uma ética e uma inteligência clínicas que não decorrem unicamente da aplicação de teorias. Considera a importância da escrita na formação, caracterizando o relato como *"espaço teórico das práticas"* (p. 111), modo de construção da experiência, ferramenta de inteligibilidade:

> *O que era informe adquiriu forma, o que não tinha ordem temporal estruturou-se entre um antes e um depois. Surgiram associações, detalhes esquecidos foram recuperados, ligações foram estabelecidas. Os episódios descontínuos integram-se em um quadro. O que parecia não ter começo nem fim delimita-se. A consequência é um distanciamento, uma desdramatização, um deslocamento de si diante do ocorrido. Uma seleção foi operada; trata-se apenas de uma versão da história, mas que dá uma primeira inteligibilidade. Não se busca uma explicação, mas a explicação constrói-se na narrativa. Isto com as palavras do dia a dia: as palavras ordinárias. O benefício é de ordem cognitiva, de uma inteligibilidade reflexiva que tem como benefício adicional favorecer uma autoestima, sem a qual não há estima do outro. O "eu" assume-se e posiciona-se. O "eu" profissional constrói-se ao mesmo tempo que o "eu" de uma identidade pessoal. Essa via feita de histórias torna-se uma coisa que nos pertence e da qual, no entanto, já nos separamos* (Cifali, 2001, p. 113).

Na compreensão da autora, a narrativa contribui para forjar a identidade, e o relato pode representar espaço de valorização do cotidiano.

A experiência empreendida pelas escolas italianas de Reggio Emilia certamente pode trazer contribuições à discussão. Chamamos então à roda Lella Gandini e Jeanne Goldhaber (2002) para que nos contassem um pouco sobre o trabalho de documentação desenvolvido junto a educadores e crianças. Para Gandini, a documentação é *"um processo cooperativo que ajuda os professores a escutar e observar as crianças com que trabalham, possibilitando, assim, a construção de experiências significativas com elas"* (Gandini e Goldhaber, 2002, p. 150). A documentação demanda observação e escuta atentas e seu registro diário por diferentes meios: fotografias, vídeo, gravação de diálogos, anotações, produções das crianças. Pode ser entendida como ciclo de investigação e implica a *formulação de perguntas, observação, registro e coleta de materiais, organização de observações, análise e interpretação (construção de teorias), reformulação das perguntas, planejamento e resposta*s (p. 161).

Nesse sentido, a documentação manifesta-se como agente de mudanças, possibilitando a construção de nova concepção de criança, de educação, de professor; *"requer que expandamos a nossa identidade de cuidadores de crianças e estimuladores do desenvolvimento infantil para incluir a de teóricos e pesquisadores"* (Gandini e Goldhaber, 2002, p. 168). Por esse motivo afirmamos ser o registro, no contexto da formação contínua, *instrumento de reconstrução de uma profissionalidade* por intermédio da apropriação da prática e da produção do conhecimento.

Registrar demanda tempo, envolvimento, disciplina – não é tarefa simples. Talvez nos faltem, considerando a realidade da escola pública brasileira, instrumentos/condições facilitadoras dessa prática, como a possibilidade de fotografar ou filmar as crianças em atividade ou até mesmo imprimir portfólios produzidos ao final de um projeto. São questões reais que opõem obstáculos àquilo que propomos. Precisamos considerar, porém, a valorização da Educação Infantil e de seus educadores como um processo: as mudanças não ocorrem do dia para a noite; as transformações reais e verdadeiras vão sendo construídas passo a passo, abrindo espaço a novas conquistas. A percepção do valor e da importância do registro de práticas também demanda tempo e esforço: não estamos

> CARVALHO, Ana Carolina. Reflexões do professor Diários de campo: escrever para pensar melhor sobre as intervenções do professor – *Diário de Ana Carolina*. In: Revista Avisa Lá. São Paulo: Instituto Avisa Lá, Ano 1, N. 1, jan/ fev/ mar 2000.

acostumados, como educadores, a escrever sobre nossas práticas e nossas crianças e, menos ainda, a expor ao outro o que somos/fazemos/sentimos. Também muitas vezes não nos reconhecemos como produtores de conhecimento, não percebemos o valor de nossa prática. Trata-se de uma conquista processual, que inicialmente pode provocar resistência por parte de alguns e envolvimento por parte de outros. Mas é preciso começar.

Por intermédio de artigo publicado em uma revista educacional, trazemos ao texto a fala de duas professoras:

> *O diário é muito importante para que a cada dia possamos melhorar as atividades, porque escrevendo o que fazemos com as crianças estamos também estudando e pensando... por que eu não preparei aquela atividade de um jeito mais interessante? É também uma fonte de pesquisa* (Jerusa, creche Visconde de Ouros).

> *Através do diário podemos registrar nossos trabalhos e até mesmo nos corrigir, pois só na hora em que escrevo o meu diário eu vejo coisas que na hora da atividade não havia percebido* (Ana, C. J. Centro Social do Brooklin).

É a reflexão sobre a reflexão na ação, de que nos fala Schön (2000), que se apresenta no registro de prática: professor atuando como pesquisador, como autor de sua prática, a qual se faz e se refaz a cada dia.

Na tentativa de construir uma síntese da conversa por nós presenciada, da qual nos tornamos participantes também, pensamos o registro de práticas em suas múltiplas implicações, percebendo a complexidade da temática e, ainda, as possibilidades nela encerradas. Apresentamos, então, um quadro com as palavras-chave por nós identificadas nas falas acima expostas, lembrando ser esta uma leitura pessoal entre as inúmeras outras possíveis.

```
                    ┌─────────────┐
                    │  REGISTRO   │
                    └─────────────┘

              ┌──────────┐   ┌────────────────────────┐
              │ REFLEXÃO │   │ CONSTRUÇÃO DE MEMÓRIA  │
              └──────────┘   └────────────────────────┘

┌──────────────────┐
│ ESTUDO DA PRÁTICA│        ┌────────────────────────┐
└──────────────────┘        │ CONSTRUÇÃO DE MEMÓRIA  │
                            └────────────────────────┘

┌──────────────────────────────────────┐  ┌──────────────────────┐
│ PERCEPÇÃO DA TEORIA SUBJACENTE À PRÁTICA │  │ CONSTRUÇÃO DE IDENTIDADE │
└──────────────────────────────────────┘  └──────────────────────┘

       ┌──────────────────────────┐   ┌──────────────────────────────┐
       │ INTERAÇÃO TEORIA-PRÁTICA │   │ SISTEMATIZAÇÃO DE CONHECIMENTOS │
       └──────────────────────────┘   └──────────────────────────────┘

       ┌──────────────────────────┐   ┌──────────────────────┐
       │ COMPREENSÃO DA REALIDADE │   │ LEITURA DA REALIDADE │
       └──────────────────────────┘   └──────────────────────┘

          ┌─────────────────┐    ┌──────────────────────────────────┐
          │ QUESTIONAMENTO  │    │ EXPRESSÃO DO PENSAMENTO DO PROFESSOR │
          └─────────────────┘    └──────────────────────────────────┘

             ┌─────────┐          ┌────────────────────────────┐
             │ DIÁLOGO │          │ SOCIALIZAÇÃO DE EXPERIÊNCIAS │
             └─────────┘          └────────────────────────────┘

                    ┌─────────────────────────┐
                    │ PRODUÇÃO DE CONHECIMENTO │
                    └─────────────────────────┘

┌──────────────────────────────────────┐   ┌──────────────────────┐
│ RECONSTRUÇÃO DO TRABALHO PEDAGÓGICO  │   │ APROPRIAÇÃO DA PRÁTICA │
└──────────────────────────────────────┘   └──────────────────────┘

      ┌────────────────────────────┐         ┌─────────┐
      │ TRANSFORMAÇÃO DA REALIDADE │         │ AUTORIA │
      └────────────────────────────┘         └─────────┘

      ┌────────────────────────────────┐    ┌───────────────┐
      │ MELHORIA DA QUALIDADE DO ENSINO│    │ AUTOFORMAÇÃO  │
      └────────────────────────────────┘    └───────────────┘
```

Com a intenção de garantir melhor aprofundamento da temática, optamos por organizar os inúmeros elementos selecionados em alguns tópicos, reestruturando o esquema da seguinte forma:

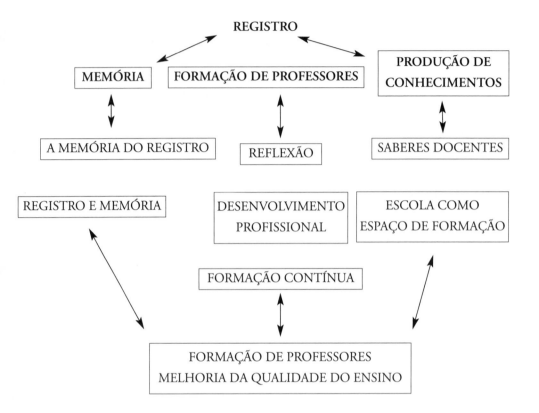

Subjacentes ao esquema, encontramos elementos importantes: o contexto e as condições de trabalho. Esses elementos remetem-nos às políticas públicas, ao projeto político-pedagógico da instituição, ao trabalho coletivo na escola – questões imprescindíveis e condicionantes do modo segundo o qual o registro de práticas se insere ou não no cotidiano de trabalho dos educadores.

Os diferentes autores empregam nomenclaturas próprias ao tratar do objeto de pesquisa em questão. Os vários nomes empregados (diário, registro, documentação, relato) explicitam também formas diferenciadas de compreensão: enquanto o *diário* se refere ao caderno de registros do professor (no qual anota planos de trabalho e narra seu dia a dia), por *documentação* entendemos uma gama mais ampla de registros, incluindo os diários, mas não se restringindo a eles. Optamos pelo termo "registro", propondo a ampliação do conceito a fim de incluir as diferentes linguagens e os vários meios que podem ser empregados nessa produção. Registrar a prática não é apenas escrever sobre ela; registro é relato, narrativa, descrição e ainda mais. Registrar é refletir, planejar, avaliar. Não é apenas escrever: desenhos e imagens podem ser considerados formas de registro, especialmente no caso da criança. Registro como *meio e fim, processo e produto:* meio de reflexão, pensamento, avaliação, formação, melhoria da ação; é também documento, história, conhecimento. O registro tem um valor anterior e posterior à produção, vale como processo e como produto. Não é fim em si mesmo, tampouco meio apenas.

Desejamos, nesse sentido, ampliar a noção de registro a fim de incluir as múltiplas linguagens e os diferentes meios de registrar, concebendo-o especialmente como *leitura da realidade e reflexão sobre ela.*

Nesse contexto, entendemos também a criança como produtora de registros, construtora de cultura, de história. Os registros produzidos pela criança unem-se aos do professor na construção de um relato, uma narrativa. Seus registros podem ser lidos, pois expressam pensamento, conhecimentos, hipóteses. Ampliando a concepção de registro, percebendo-o como expressão, comunicação, pensamento, identificamos também o *desenho* como forma privilegiada de linguagem.

2. O educador e o registro

> *Maníaco por dicionários, meu pai ensinou-me a consultá-los e a descobrir os múltiplos significados de um vocábulo. Passo a passo, embeveci-me com o mundo das palavras, atinando com o seu poder mágico. O que digo pode ser escrito, com a vantagem de que não se volatiza como o som. O que sinto*

> *também pode ser descrito, embora os sentimentos sejam experimentados com mais intensidade do que as palavras que lhes servem de espelho. O surpreendente, contudo, foi descobrir que as palavras têm poder de suscitar emoções, alegres ou tristes, repletas de paz ou eivadas de ódio. Uma carta pode reconciliar desafetos ou provocar ira. Quando redigidas, as palavras adquirem consistência de pedra. Talvez por isso Deus tenha preferido a palavra escrita para se comunicar conosco, a ponto de se identificar com ela: "O Verbo se fez carne."*
>
> FREI BETTO

Domesticados pela escola e pela sociedade, vemo-nos, adultos, impedidos de produzir linguagens diferentes daquela aceita socialmente. Mais que isso – e muito pior –, muitas vezes os educadores se veem impedidos de falar, por estarem acostumados, em sua formação, a apenas escutar o que pesquisadores e órgãos centrais têm para dizer – e prescrever – sobre a prática pedagógica.

Ao pensarmos no papel do registro na formação docente, somos necessariamente impelidos a refletir sobre a relação do educador com a escrita: o que leem os professores? O que escrevem? Escrevem? Para quê? Todas essas questões apresentam intrínseca relação com a formação de professores e com sua atuação; é preciso que o professor se torne leitor e escritor para poder proporcionar aos educandos a experiência da/com a linguagem.

Quando examinamos a relação entre registro e memória, percebemos que a modernidade trouxe consigo o gradativo empobrecimento da experiência e da narrativa, fato que pode ser observado na escola e na relação dos professores com a linguagem e com seu trabalho. Massificação, estratégias de controle (fichas, notas, informações mensuráveis), "treinamentos" que desconsideram o saber e o fazer docente contribuem para que professores e alunos não se percebam como produtores e autores de sua história.

Kramer (1994) alerta para a necessidade de proporcionar aos professores acesso ao mundo da literatura, da arte, da cultura, em um processo no qual a formação passa a ser compreendida como *formação cultural*, como *realfabetização* do educador para a leitura do mundo e da palavra, *"resgate de seu pensamento como sujeito-escritor, produtor de linguagem escrita"* (Freire, 1996, p. 44). A linguagem é concebida como possibilidade de comunicação, de expressão, de pensamento, e não apenas como um conjunto de regras e normas a ser apreendidas. Revela-se como construção, leitura, escrita, produção, imersão no universo da cultura.

Registro demanda escrita, linguagem, pensamento, produção, leitura. *Leitura* não apenas de textos acadêmicos, da palavra escrita. Leitura como atribuição de sentido à realidade, às reações das crianças, ao papel de educador, à escola, às relações escola-comunidade, ao contexto social, às políticas, ao sistema. Leitura como processo de compreensão, e não apenas como decodificação do símbolo escrito. Leitura na qual *razão*, *emoção* e *sentidos* (sensações) se inter-relacionam na construção do significado ou dos múltiplos significados, pois não há apenas uma leitura possível. Libertando-nos das amarras, conseguimos registrar e construir pensamentos com base nas leituras que fazemos do real.

Atual 1º ciclo do ensino fundamental.

Recordo-me de algumas experiências vivenciadas na escola quando criança. Lembro-me que, semestralmente, a partir da 2ª série do primeiro grau, a professora escolhia um livro para ser lido em casa a fim de que, em momento posterior, fizéssemos uma "avaliação de leitura" – leitura compreendida como apreensão objetiva do escrito, como memorização da história. A prova (pois, na verdade, deveríamos "provar" ter lido o livro com atenção e na íntegra) era composta de questões de interpretação de texto, perguntas pontuais sobre a narrativa. As respostas deveriam ser completas, ou seja, repetindo a pergunta. Bem, ao final da avaliação havia, por vezes, a questão: "Você gostou da história? Justifique." Era uma questão de menor importância, talvez nem valesse ponto. Sempre pensava: será que alguém terá coragem de dizer que não gostou do livro, ou que pulou páginas, ou que leu apenas por obrigação? Acho que não. O que pensariam os professores de quem assim respondesse?

O mais interessante – ou preocupante – é que nunca havia uma conversa coletiva sobre o livro, a história, o autor, etc. A leitura era compreendida como decodificação e apreensão do significado – único – do texto e era "avaliada" em uma prova escrita do tipo pergunta e resposta. E as diferentes "leituras" possíveis do mesmo texto? E as impressões e sentidos pessoais atribuídos pelos diferentes educandos? E a discussão sobre a forma de escrita do autor, sobre seu modo de construir a narrativa, etc.?

Consideramos oportuno relatar essa pequena história – que corresponde a diminuto fragmento do cotidiano escolar – por dois motivos: primeiro, por ser uma experiência que pode ser trabalhada e gerar conhecimento (sobre a escola, sobre o trabalho com a linguagem); segundo, por ser um acontecimento não isolado, mas certamente vivenciado, com algumas distinções, por outros educandos que são, agora, educadores. Cabe retomar a pergunta inicialmente feita: qual a relação do educador com o registro? Com a leitura? Com a linguagem?

Encontrei em um dos escritos de Paulo Freire um texto ao qual imediatamente relacionei a experiência acima narrada e não podia deixar de transcrevê-lo neste momento:

> *Infelizmente, de modo geral, o que se vem fazendo nas escolas é levar os alunos a apassivar-se ao texto. Os exercícios de interpretação da leitura tendem a ser quase sua cópia oral. A criança cedo percebe que sua imaginação não joga: é quase algo proibido, uma espécie de pecado. Por outro lado, sua capacidade cognitiva é desafiada de maneira distorcida. Ela não*

é convidada, de um lado, a reviver imaginativamente a estória contada no livro; de outro, a apropriar-se aos poucos, da significação do conteúdo do livro (Freire, 1993, p. 45).

E continua:

"Nada ou quase nada se faz no sentido de despertar e manter acesa, viva, curiosa, a reflexão conscientemente crítica, indispensável à leitura criadora, quer dizer, leitura capaz de desdobrar-se na reescrita do texto lido" (p. 45).

Leitura e escrita como ações ligadas ao ato de conhecer: atribuição de sentido ao texto, criação, invenção, interação, visto que *"a compreensão do texto não se acha depositada, estática, imobilizada nas suas páginas à espera de que o leitor a desoculte"* (Freire, 1993, p. 43).

Registrar é ler, produzir sentido: *"Ler, então, não é um processo automático de capturar um texto como um papel fotossensível captura a luz, mas um processo de reconstrução desconcertante, labiríntico, comum e, contudo, pessoal"* (Manguel, 1997, p. 53).

Torna-se imprescindível, portanto, a percepção do educador como produtor de escrita, de linguagem; é preciso *"permitir que os professores contem suas histórias, escrevam suas práticas"* (Kramer, 1994 p. 157), deixando de ser ouvintes e espectadores para se tornarem também autores de sua história e de seu processo de formação.

O valor de saber ler e escrever já era percebido na Idade Média, quando poucos tinham acesso à "erudição", considerada um terceiro poder situado entre a Igreja e o Estado (Manguel, 1997). Quando pensamos na mulher, a situação torna-se ainda mais complexa, já que foram, durante longo período, identificadas apenas como mães e donas de casa, o que certamente dificultava e até mesmo impedia a frequência a escolas e universidades. Ler, escrever, produzir conhecimentos foram, durante muito tempo, tarefas prioritariamente masculinas. Isso se reflete na própria condição da mulher-professora, a quem cabia a execução de propostas elaboradas por outros.

Às mulheres japonesas, no ano de 894, aproximadamente, eram destinados livros diferentes da literatura "masculina", "erudita", já que elas deveriam confinar-se na "diversão banal" (Manguel, 1997, p. 267), uma literatura "feminina", ligada ao doméstico, ao trivial, ao íntimo. Essas mulheres criam uma literatura própria, empregando a transcrição fonética da língua que tinham permissão de falar e produzindo algo que ficou conhecido como a "escrita das mulheres". Escrevendo para si mesmas o que não é encontrado nos textos oficiais, elas produzem algumas das obras mais importantes da literatura japonesa.

> Cabe lembrar que a carreira da mulher no magistério foi, durante longo período, restrita à docência. Os cargos de direção e inspeção/supervisão eram prioritariamente ocupados por homens.

Se às mulheres foi proibido ou dificultado, historicamente, o acesso ao saber, a participação como produtoras de conhecimento, como poderemos esperar que assumam esse papel que lhes foi negado no âmbito da cultura? Sentem-se as professoras capazes de produzir conhecimento, escrever, registrar? Percebem o valor, a importância de seu trabalho? Percebem que fazem diferença na vida das crianças?

Sobre o breve relato acerca das mulheres-escritoras japonesas, cabe perguntar: o que podemos extrair como reflexão sobre essa história?

É preciso que nós, como professores, produzamos nossa própria história, nossos relatos, que, assim como as narrativas das mulheres japonesas, também não aparecem nos textos oficiais. Quem sabe nossa "literatura" alcance, progressivamente, o valor atribuído hoje àqueles textos produzidos pelas autoras japonesas e contribua para nossa valorização profissional.

2.1. O educador e o desenho: a recuperação da linguagem não verbal

Se toda criança desenha, a maioria destas crianças quando cresce diz: "Eu não sei desenhar..." e também não cria mais

histórias, endurece seu corpo e não canta mais.
Os desenhos aviões-pássaros-estrelas, os desenhos-histórias ficam esquecidos, como esquecidos ficam os velhos brinquedos.
ANA ANGÉLICA ALBANO MOREIRA

Qual o espaço do desenho, da linguagem não verbal, em nossa sociedade? Por vezes a arte é entendida como elemento isolado da vida cotidiana, atividade restrita a artistas e museus. Em breve resgate da história da humanidade, podemos prontamente perceber que nem sempre foi assim. Na pré-história, desenhos em cavernas eram produzidos como forma de expressão, em uma atividade inerente à vida cotidiana. Observando as crianças, vemos que o desenho antecede a escrita e é utilizado por elas como linguagem privilegiada, servindo à expressão de sentimentos, à comunicação, ao registro de informações.

Vygotsky (1998) analisa a pré-história da linguagem escrita, considerando os gestos e os signos visuais, o brinquedo e o desenho como representações simbólicas que antecedem a escrita e constituem, portanto, estágios preliminares a seu desenvolvimento. A linguagem escrita é, inicialmente, simbolismo de segunda ordem, composta de signos que designam os sons e as palavras da linguagem falada. À medida que esse elo intermediário desaparece, a escrita passa a constituir sistema de signos que simboliza diretamente objetos reais, passando então a representar uma forma de simbolismo direto. Para o autor, pensamento e linguagem encontram-se intrinsecamente relacionados: a linguagem, o pensamento simbólico, habilita o ser humano a planejar, prever ações, transformar. O pensamento é formulado/expresso por meio de palavras.

Tal consideração remete-nos ao processo de formação de professores e, mais especificamente, ao *registro de práticas* como instrumento de reflexão e de melhoria da qualidade do ensino, vinculado a outras ações (leituras, troca entre pares, apoio da coordenação). Mas não será possível também a produção de registros utilizando outras linguagens além da verbal, como a plástica, o desenho? Somente a palavra é capaz de favorecer a construção do pensamento?

Martins (1999) defende a existência de diferentes formas de expressão do pensamento, seja pela linguagem escrita, seja por intermédio da linguagem não verbal – o que denomina "reflexão estética". Entendendo os projetos em ação desenvolvidos na escola ou em instituições formadoras como percurso construído no processo, vir a ser, produção mediadora, investigadora e contextualizadora, enfatiza a importância do registro nesse processo de criação, concebendo-o como *"concretização de um pensamento reflexivo"* (p. 244). Para a autora, os relatos são bastante pessoais, podendo assumir diferentes formas, verbais ou não verbais. Uma imagem é texto a ser lido, interpretado, assim como fazemos com a palavra escrita.

Em seu trabalho com formação contínua de professores, Madalena Freire propõe aos participantes a produção de sínteses dos encontros sob forma de relatos que incluem descrição da aula e reflexão sobre ela. São realizados não apenas registros "convencionais" em forma de texto narrativo, mas também registros não verbais, como a reflexão suscitada por imagens criadas mediante montagem com recortes de revistas ou desenhos. Telegramas, paródias e poemas também podem representar possibilidades de registro. Nessas propostas "não convencionais", se assim as podemos denominar, é possível perceber nos educadores certo desconforto inicial e até mesmo um sentimento de impotência diante da necessidade de expressar-se visualmente ou por meio de um poema, por exemplo. Para onde foi o desenho-linguagem, extremamente vivo na criança e em suas formas de manifestação?

Nesse contexto, merece destaque a produção de *artistas viajantes* que estiveram no Brasil, no século XIX, compondo expedições de reconhecimento de novas áreas. A inexistência da fotografia e a dificuldade de descrever e nomear homens, plantas e animais desconhecidos tornavam indispensável a presença de pintores e desenhistas que produzissem registros visuais dos lugares visitados, documentando aspectos físicos e humanos das regiões. Os artistas viajantes perseguiam os melhores pontos de vista, utilizando até mesmo instrumentos ópticos como a câmera escura para produzirem imagens mais próximas do real. Apesar disso, como todo registro, esses desenhos são marcados pela subjetividade do desenhista, que retrata sua percepção particular da paisagem ao destacar algum elemento em detrimento de outros, ao escolher o que representar, ao selecionar determinado ponto de vista.

Observamos a seguir algumas produções de Johann Moritz Rugendas (1802-1858), artista alemão que integrou a expedição científica à América Latina organizada pelo barão Georg Heinrich von Langsdorff em 1822. Desenvolve nesse período estudos sobre a fauna e a flora e, posteriormente, desligando-se da expedição, passa a desenhar cenas do cotidiano do Rio de Janeiro, cidade que sediava a corte portuguesa.

Reflexões elaboradas a partir da visita à exposição *Vistas do Brasil*, na Pinacoteca do Estado. A exposição apresenta algumas dessas produções, representando uma verdadeira imersão na história do Brasil. Além de gravuras aquareladas e desenhos preparatórios feitos a partir da observação direta da natureza, há ainda o papel de parede *Vistas do Brasil* produzido pelo artista Juan Julien Deltil a partir de gravuras realizadas por Johann Moritz Rugendas.

Praia Rodrigues (próxima do Rio de Janeiro)

*Paisagem do Rio de Janeiro
(vista de perto da Igreja de N. S. da Glória)*

Porto de Estrela

Capoeira

Venda

Colônia europeia perto de Ilhéu

O que essas produções nos dizem acerca do registro? Na época do Império, desenhistas, pintores, retratistas e fotógrafos produziam registros do Brasil e da família imperial, realizando leitura da realidade e construindo uma imagem do país acessível à grande maioria da população analfabeta. A necessidade da experiência visual respondia ao contexto social da época, acarretando uma demanda crescente por imagens (Mauad, 1997). Os artistas viajantes produziram registros que nos contam uma história, guardam memória, mesmo sem utilizar a escrita. Leram a realidade, construindo um sentido. Leitura não como ato neutro, mas processo pessoal.

Identificamos ainda o papel da iconografia na Igreja católica, que reunia, em forma de livros, imagens com poucas palavras durante a Idade Média. Esses livros eram produzidos em vários formatos, passando a ser conhecidos como *"Bíblia dos pobres"*, apesar de serem caros. Por meio da *Biblia pauperum* todos, incluindo os analfabetos, tinham acesso aos textos bíblicos, já que as imagens narravam os episódios e transmitiam mensagens. Em um contexto em que aprender a ler e escrever era um privilégio quase exclusivo da aristocracia, evidenciava-se a importância da iconografia e da produção da Igreja nesse sentido. O papa Gregório (apud Manguel, 1997, p. 117) *assim considera: "Pois o que a escrita torna presente para o leitor, as imagens tornam presente para o analfabeto, para aqueles que só percebem visualmente, porque nas imagens os ignorantes veem a história que têm de seguir, e aqueles que não sabem as letras descobrem que podem, de certo modo, ler. Portanto, especialmente para a gente comum, as imagens são equivalentes à leitura."*

Podemos considerar imagens e desenhos como registros, forma de expressão, representação, comunicação. Não apenas os textos escritos constituem registros, mas também os não verbais podem representar memória, reflexão, descrição, análise. Amplia-se a concepção de registro, percebendo as diferentes linguagens possíveis e as diferentes formas que pode assumir, sem desprezar o aspecto subjetivo que permeia sua produção.

3. A criança e o registro: o desenho como linguagem

*Como pode um peixe vivo
viver fora da água fria?*

Registro: expressão, pensamento, comunicação. Registro: linguagem! Desde muito cedo, a criança, imersa em um mundo repleto de signos, inicia o processo de produção de linguagem – linguagens – e de aquisição da língua convencional. Gestos, expressões, balbucios antecedem a produção das primeiras palavras. Desenhos, representações gráficas, escrita de signos não convencionais, construção do sistema alfabético de escrita. Gestos, brincadeiras, desenhos como linguagem, comunicação.

A produção de registros demanda aquisição de linguagem, leitura da realidade, percepção dos múltiplos sentidos subjacentes ao texto verbal ou não verbal. A realidade como texto a ser lido, desvendado, desvelado. E a criança como produtora de registros, autora, e não apenas reprodutora de uma linguagem estereotipada. Livre das amarras sociais, a criança produz, cria, inventa formas de representar pensamentos, desejos, percepções da realidade, construídas em seu contato diário com os outros, com o mundo. Mas será que a escola favorece o desenvolvimento das cem linguagens da criança (Edwards, Gandini e Forman, 1999), considerando-a não apenas reprodutora, mas autora de sua história? Muitas vezes, centrando sua ação no domínio do código alfabético, em atividades de cópia e memorização de famílias silábicas, textos ou palavras, não favorecemos a expressão da criança, a produção de textos, a autoria. Em vez de proporcionar o acesso à linguagem e à língua em suas múltiplas funções e contextos, a escola acaba por restringir as cem linguagens à aquisição do código alfabético por intermédio de propostas pouco significativas.

A escola, em sua atuação junto às crianças, pode (ou não) favorecer aos educandos a apropriação da linguagem (e da autoria), *autorizando* (ou não) sua fala, sua expressão, sua escrita. Nas palavras de Kramer (1994, p. 83): *"Ser autor significa dizer a própria palavra, cunhar nela sua marca pessoal e marcar-se a si e aos outros pela palavra dita, gritada, sonhada, grafada... Ser autor significa resgatar a possibilidade de 'ser humano', de agir coletivamente pelo que caracteriza e distingue os homens... Ser autor significa produzir com e para o outro..."*

Quando acreditamos que as crianças são capazes, organizamos, como professores, situações em que possam expressar seu pensamento, registrar descobertas, escrever de acordo com seus conhecimentos sobre o código naquele momento, produzir marcas. Marcas suas, marcas carregadas de significação, marcas que são história. História de seu aprendizado, histórias das atividades desenvolvidas em um ano letivo, história dos autores que elas são. Assim como os educadores registram um processo, as crianças também podem fazê-lo quando autorizadas a isso, quando criadas oportunidades para que o façam. E seus registros, junto aos produzidos pelo professor, unem-se na construção de memória, de identidade, de aprendizagem.

Gustavo, 6 anos. Projeto Família Dinossauro, 2002.

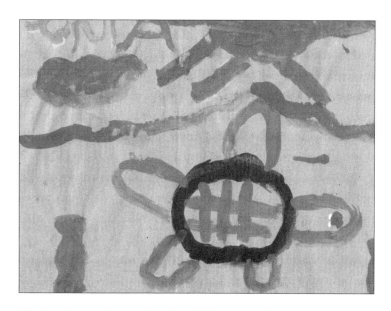

Sônia, 6 anos. Projeto Bichos do Mar, 2004.

3.1. O desenho como forma privilegiada de registro

Porque o desenho é para a criança uma linguagem como o gesto ou a fala.
A criança desenha para falar e para poder registrar a sua fala. Para escrever.
O desenho é sua primeira escrita.
Para deixar sua marca, antes de aprender a escrever a criança se serve do desenho.

ANA ANGÉLICA ALBANO MOREIRA

Neste momento cabe refletir sobre o desenho, linguagem privilegiada da criança, forma de expressão do pensamento, de comunicação e registro. Muitos pesquisadores dedicaram-se e têm-se dedicado à análise do desenho infantil, partindo da observação de produções e de conversas com crianças sobre o desenho (Goodnow, 1979; Iavelberg, 1995; Kellogg, 1984; Lowenfeld e Brittain, 1970; Luquet, 1972; Mèredieu, 1995; Stern, 1962; Wallon e Lurçat, 1968). Os diferentes estudos chegam a conclusões diferenciadas, mas, de certa forma, complementares, não podendo ser sobrepostos ou descartados como inadequados. Trazem contribuições particulares e interessantes à análise do desenho infantil, especialmente no que diz respeito ao desenvolvimento de um olhar atento sobre essas produções, por vezes desconsideradas como importante etapa do desenvolvimento da criança. Trata-se de diferentes formulações teóricas que trazem consigo, às vezes de maneira não tão explícita, implicações pedagógicas relativas à intervenção ou não intervenção do professor, tendo em vista o desenvolvimento do desenho.

Avançando um pouco, é preciso considerar o desenho como forma de registro ao lado da escrita, como forma de pensamento, meio de expressão (Lowenfeld e Brittain, 1970, p. 159): *"O desenho representa muito mais que um exercício agradável no período infantil. É o meio pelo qual a criança desenvolve relações e concretiza alguns dos pensamentos vagos que podem ser importantes para ela. Desenhar torna-se uma experiência de aprendizagem."*

Se o desenho é, em sua etapa inicial, motor e visual (Kellogg, 1984) – o que pode ser observado nas garatujas produzidas pelas crianças –, vai, pouco a pouco, tornando-se instrumento de comunicação e representação, linguagem privilegiada que antecede a escrita (Vygotsky, 1998), mas não deve ser substituída por ela. A produção artística, assim como a escrita, é também uma forma de registro. O desenho infantil revela uma forma particular de perceber o mundo: a criança de 3 a 4 anos, por exemplo, recorre constantemente ao desenho da figura humana em suas produções, retratando sobretudo a si própria e sua família, em consequência de seu egocentrismo. À medida que se descentra, outros elementos passam a ter espaço em seus registros, como os amigos da escola, o parque, brinquedos, casinhas, meios de transporte, etc.

Da mesma forma que, na escrita, a marca pessoal se faz presente – como consideram os autores que nos falam sobre o registro de práticas –, no desenho é possível perceber estilos pessoais que caracterizam a autoria, a criação, a identidade da criança. A análise do desenho infantil como gramática (Stern, 1962) não pode tolher as possibilidades expressivas a ele intrínsecas, mas, sim, possibilitar uma leitura mais atenta do processo de desenvolvimento dessa linguagem. *"Uma obra de arte não é a representação de um objeto em si; é, também, a representação da experiência que temos desse objeto"* (Lowenfeld e Brittain, 1970, p. 232). O registro revela, portanto, a subjetividade: "o quadro não é a fotografia de um objeto, e sim uma 'nova criação' baseada em sensações e percepções" (Stern, 1962, p. 19). O mesmo podemos observar nos registros de práticas produzidos pelos professores: concepções, valores, teorias que revelam seu modo particular de ler, interpretar e analisar a realidade e agir sobre ela.

Consideramos, portanto, a criança como produtora de registros, de marcas que representam sua história, sua presença no mundo. Seu desenho distingue-se daqueles produzidos pelo adulto e constitui forma privilegiada de linguagem a ser trabalhada na escola.

Mariana, 6 anos. Projeto Família Dinossauro, 2002.

Ana Carolina, 6 anos. Projeto Bichos do Mar, 2004.

A intenção do presente capítulo foi explicitar nosso tema – o registro de práticas – e ampliar seu conceito, incluindo as diferentes linguagens. Partimos das formulações de diferentes autores e elaboramos uma concepção, inserindo o registro em um contexto mais amplo de leitura da realidade, leitura pessoal, subjetiva, que pode assumir diferentes formas. Refletimos sobre a relação professor-escrita, questão imprescindível ao pensarmos na ampliação da prática de registrar no cotidiano das escolas. Chegamos à linguagem não verbal como forma de registro, recuperando fragmentos da história e elementos do desenho infantil. Identificamos a criança como produtora de registros.

No próximo capítulo, abordaremos a relação registro-memória, recuperando a história da Educação Infantil em São Paulo e prosseguindo a reflexão sobre as possibilidades do registro de práticas na formação de professores e na melhoria da qualidade do ensino.

# Capítulo II

REGISTRO E MEMÓRIA E A MEMÓRIA DO REGISTRO

Registro e Memória e a Memória do Registro

No capítulo anterior explicitamos o tema, construindo uma concepção de registro. No presente capítulo teceremos considerações sobre a relação entre registro e memória em duplo movimento: primeiramente, recuperando a história da Educação Infantil em São Paulo e os registros de prática produzidos por professores, refletindo ainda sobre a importância do registro no contexto da Escola Nova; em um segundo momento, identificando a importância da memória no processo de construção identitária e de desenvolvimento profissional do professor. O objetivo é, portanto, ampliar a leitura do que entendemos por "registro de práticas", explicitando possibilidades e limites.

1. O registro no contexto da Educação Infantil

Podemos dizer que a política de valorização da Educação Infantil em nosso país é uma conquista recente. Mais recente ainda é a consideração, legalmente definida, dessa etapa como momento da educação básica, importante período para o desenvolvimento e a aprendizagem da criança.

No livro, centralizamos a atenção nos registros de prática produzidos no contexto da Educação Infantil e, mais pontualmente, na pré-escola, etapa da educação básica destinada à criança de 3 a 5 anos de idade. Identificamos a especificidade dessa etapa e, portanto, também do educador que atua nesse nível de ensino, em que educar e cuidar aparecem integrados, visto que as características da criança pequena conduzem à ampliação do papel da educadora e também de suas interações (Oliveira-Formosinho, 2002). Nesse sentido, cabe ressaltar que *as especificidades da Educação Infantil e das educadoras que nela atuam conferem aos registros por elas produzidos características peculiares, que os tornam também especiais.* Neles transparecem não apenas conteúdos e atividades, mas também emoções, sentimentos, movimentos próprios das crianças, do contexto da pré-escola e do professor polivalente, que acompanha um grupo específico por todo o ano letivo. Nos registros aparecem então as especificidades da criança, do educador e da instituição de Educação Infantil.

O Referencial Curricular Nacional para a Educação Infantil (Brasil/MEC, 1998), reconhecendo as peculiaridades da educação de crianças até 6 anos, aponta a *observação e o registro* como instrumentos essenciais ao processo de avaliação da aprendizagem e do desenvolvimento. O documento sugere a *"observação cuidadosa sobre cada criança e sobre o grupo"* (p. 40) e a *"documentação sistemática de mudanças e conquistas"* (p. 77) como instrumentos para avaliar e reorientar a prática, tendo em vista a melhoria do processo educativo.

O registro é, portanto, elemento imprescindível ao trabalho na Educação Infantil, apresentando-se intrinsecamente relacionado à *observação*, ao *planejamento* e à *avaliação*, considerados por Madalena Freire (1996) como *instrumentos metodológicos* com os quais o professor conta para a realização de seu trabalho. O registro está ancorado em determinado planejamento – e, com ele, em uma concepção de escola, de criança, de educação – e tem início na observação atenta e cuidadosa por parte do educador. Um olhar focado, direcionado, porque não é possível observar tudo de uma só vez. Observação da brincadeira espontânea de uma criança, da interação de um grupo em um jogo, das hipóteses construídas pelas crianças em determinada atividade de escrita espontânea, da forma pela qual registram a quantidade de peixes obtidos em um jogo de pescaria. São observações pontuais, pautadas no planejamento, no que esperamos que elas aprendam. Podemos empregar tabelas para registrar algumas dessas informações, produzir cadernos e documentar percepções, observando mais atentamente duas ou três crianças por dia, por exemplo. Os registros fornecerão elementos para a reflexão sobre a prática e para a avaliação desta, o que remete novamente ao planejamento.

A concepção e o entendimento que se têm hoje sobre a infância e a Educação Infantil são fruto de um processo histórico e contextualizado. Por volta do final do século XVIII e começo do século XIX, felizmente tem início a compreensão da infância como categoria com necessidades próprias. Nesse contexto, a creche e a pré-escola são instituições criadas pela sociedade burguesa quando nasce a percepção da infância e a preocupação em educar a criança para o futuro, para a sociedade capitalista (Faria, 1993).

Pode-se afirmar que a história da educação escolar em São Paulo tem início em 1554, com a criação do Colégio dos Meninos de Jesus em São Paulo de Piratininga. Com a expulsão dos jesuítas em 1759, há um hiato na história da educação brasileira em razão da inexistência de um sistema educacional público; o desmantelamento da estrutura educacional montada pela Companhia de Jesus não é substituída de imediato por outra forma de organização escolar.

Em relação à pré-escola, são também os grupos religiosos que iniciam a história da Educação Infantil em São Paulo, cabendo a José de Anchieta o pioneirismo no campo de proteção à infância sob a forma assistencial (Kishimoto, 1985). Posteriormente os grupos católicos organizam e mantêm asilos infantis e orfanatos.

> Apesar de público, o Jardim de Infância Caetano de Campos atendia a elite, não sendo destinado, portanto, à grande maioria da população. Percebe-se ainda a existência de instituições privadas, também destinadas a poucos. Será longo caminho de lutas e reivindicações das camadas menos favorecidas da população até a criação de instituições públicas de atendimento à infância, o que se concretiza no município de São Paulo apenas em 1935. Lutamos agora não apenas pela democratização do acesso à Educação Infantil, mas também pela qualidade do trabalho realizado junto às crianças pequenas.

De acordo com Kuhlmann Jr. (1998), em 1822 Rui Barbosa, em seu parecer sobre a "Reforma do ensino primário e várias instituições complementares da instrução pública", já defende a constituição do jardim de infância pautado na proposta froebeliana, enfatizando a importância desse nível de ensino para a construção de nova sociedade. Mas os primeiros jardins de infância brasileiros surgem pela iniciativa do setor privado e destinam-se a atender os filhos das classes mais abastadas da população: em 1875 é criado o Colégio Menezes Vieira, no Rio de Janeiro, o primeiro jardim de infância do país; em 1833 é inaugurada a Escola Americana, em São Paulo. No ano de 1896 é criado o Jardim de Infância Caetano de Campos, anexo à Escola Normal do Estado, que passa a atender a elite paulista.

Em 1889 é fundado o Instituto de Proteção e Assistência à Infância do Rio de Janeiro e inaugurada a creche da Companhia de Fiação e Tecidos Corcovado (RJ), a primeira creche brasileira para filhos de operários de que se tem registro (Kuhlmann Jr., 1998).

Juntamente com o Jardim de Infância Caetano de Campos, surge a *Revista do Jardim da Infância* (1896), publicação destinada à formação de professores por intermédio da divulgação de conhecimentos e práticas desenvolvidos no jardim de infância e entendidos como modelo a ser imitado por outros educadores. A revista contém artigos teóricos sobre Froebel, relatórios sobre o funcionamento do jardim, relatos de experiências, exemplos de planejamentos e atividades, sugestões de exercícios físicos, discurso oficial sobre a importância do jardim de infância. O que nos chama a atenção nesse momento são os registros produzidos por professores de Educação Infantil sobre sua prática, e podemos encontrar alguns deles nessa publicação. Certamente o objetivo maior desses registros era divulgar uma experiência e, mais que isso, novo ideário no cenário educacional, nova proposta para a educação de crianças pequenas. *"As próprias professoras do Caetano de Campos publicaram artigos em que pretendiam relatar o seu trabalho, assumindo o papel de modelo a ser imitado por outras instituições"* (Kuhlmann Jr., 1998, p. 125), o que correspondia, de fato, aos objetivos da criação da revista. Cabe perguntar qual a real influência dessa publicação sobre as instituições de Educação Infantil da época e sobre os educadores. Não podemos deixar de fazer referência a seu caráter prescritivo, indicando "receitas" a ser seguidas pelas professoras – o que reflete a concepção da época, o modo como era entendida a formação. Apesar disso, a revista foi uma forma de divulgar/democratizar uma proposta para a educação das crianças pequenas, o que significa o reconhecimento das especificidades da criança e da necessidade de criação de uma forma especial também de educá-las, com atividades e rotinas adequadas às suas características e necessidades.

Apenas em 1935 o município inicia sua atuação no âmbito do atendimento educacional à infância. No final do século XIX, têm início muitas transformações sociais e econômicas, entre as quais a industrialização, a urbanização, a constituição do proletariado, a inserção da mulher no mercado de trabalho. Os anos 20 foram marcados pelo movimento operário e sua luta por melhores condições de trabalho e por locais para guarda e atendimento da criança durante o horário de serviço das mães. As crianças, nesse contexto, eram submetidas à falta de infraestrutura, vivendo em ambientes insalubres e sendo vítimas frequentes de epidemias e doenças (Kishimoto, 1985).

Nos anos 30, a educação física e a higiene passam a ser compreendidas como atividades essenciais à reordenação da cidade e crescem as reivindicações por um serviço de assistência à infância que envolva a educação e a saúde e se destine especialmente aos filhos de operários. A IV Conferência Nacional de Educação (1931) e o Manifesto dos Pioneiros da Educação Nova (1932) influenciam a política educacional adotada após a Revolução

O movimento modernista no Brasil influenciou não apenas o campo artístico, mas a sociedade como um todo. No projeto ideológico nacionalista, a escola pública torna-se alvo de discussões e intelectuais modernistas assumem cargos de dirigentes no setor público: Mário de Andrade é nomeado diretor do Departamento de Cultura e chefe da Divisão de Expansão Cultural e os demais nomeados para funções no departamento também pertencem à intelectualidade da burguesia paulista ou ao grupo partidário do movimento modernista. A proposta inicial dos parques infantis insere-se em um projeto de construção da cultura nacional, do qual decorre a ênfase nos jogos e brincadeiras tradicionais. Com a ascensão do Estado Novo, o então prefeito Fábio Prado é substituído por Prestes Maia, em 1938, e Mário de Andrade cede lugar a Francisco Pati. A nova gestão *"esvaziou a proposta cultural dos modernistas, valorizando práticas de assistência social e realização de grandes obras"* (Santos, 2005, p. 44).

Apesar disso, Santos (2005) constata, em entrevista com ex-educadoras de parques, que a proposta educacional dos parques infantis, em sua origem (1935-1955), recebeu maior influência do movimento escolanovista e do método das irmãs Agazzi (Itália) que do ideal cultural do modernismo.

de 1932, originando um programa que recomenda as *praças de jogos* como instituições complementares à educação da criança, tendo como funções *nutrir, educar e recrear* as crianças provenientes da classe popular.

Em 1935, o então prefeito Fábio da Silva Prado cria o Serviço Municipal de Jogos e Recreios, que em seguida passa a chamar-se Serviço Nacional de Parques Infantis. No mesmo ano é criada a Divisão de Educação, Assistência e Recreio no Departamento de Cultura, então dirigido por Mário de Andrade. Com o objetivo de retirar as crianças da rua, orientar as famílias em relação à saúde e à higiene e disseminar a cultura nacional, são criados os parques infantis, proposta que se insere no projeto de nacionalismo cultural do país já iniciado nos anos 1920 (Faria, 1993).

Os parques infantis são inspirados nas ideias de Fernando de Azevedo, que refletiam a tentativa de construir o homem eugênico brasileiro e desenvolver a cultura e a identidade nacional pela educação. Nesse contexto, a educação física é tida como essencial à construção de um povo forte, sadio e civilizado (Santos, 2005). Em sua origem, recebem também influência do movimento modernista, expresso na figura de Mário de Andrade; o ideal de construção de uma cultura nacional reflete-se no resgate e na valorização de jogos e brincadeiras tradicionais.

Os primeiros parques são construídos em bairros de grande concentração operária (Lapa, Ipiranga e D. Pedro II), oferecendo atendimento educativo não formal a crianças e adolescentes, filhos de operários, de 3 a 12 anos de idade. Educação física, jogos, música, canto, trabalhos manuais, consultas à biblioteca, assistência médica e alimentar são algumas das atividades realizadas nos parques, que funcionam das 7h30 às 18 horas, de segunda a sábado. Aos domingos são realizadas festas com a participação das famílias. Originalmente os profissionais que atuam nos parques – denominados instrutores – são educadores normalistas e professores de Educação

Física. Em 1936 surge o cargo de educadora sanitária, que assume as funções ligadas à saúde. Já em 1947 o quadro de profissionais dos parques é composto de instrutor (formado em Educação Física), educador sanitário (formado na Faculdade de Higiene), educador musical (formado em conservatório), educador recreacionista (professor normalista), médicos, dentistas e encarregados de limpeza.

> Histórico elaborado com base no texto *O ensino municipal na cidade de São Paulo*, produzido pela equipe da Memória Técnica Documental da prefeitura municipal de São Paulo (s.d.).

Em 1937, as instalações dos parques infantis passam a abrigar, no período noturno, os Centros de Menores Operários e os Centros de Moças, a fim de atender a população de 12 a 21 anos. Em 1945 é constituída a Secretaria de Cultura e Higiene, que em 1947 é subdividida em Secretaria de Higiene e Secretaria de Educação e Cultura. Nesse ano, cada parque passa a contar com um responsável (um educador sanitário ou recreacionista) encarregado principalmente das questões administrativas. Na década de 40 são criados os recantos infantis em praças para atendimento a crianças de 3 a 12 anos que vivem em apartamentos pequenos.

No período compreendido entre 1947 e 1955 verifica-se grande crescimento do número de parques infantis, o que se traduz em prestígio político decorrente do atendimento dos anseios da população. Em 1967 são criadas, em caráter experimental, algumas classes de ensino primário (de primeira a quarta série) anexas a 12 parques, proposta que evidencia a preocupação com a preparação para aquele nível de ensino. Conceitos como carência, marginalização e educação compensatória passam a integrar o imaginário e as propostas para a educação (Oliveira, 1985). O foco na saúde e na higiene cede lugar à consideração da pré-escola como espaço para o desenvolvimento da prontidão para a alfabetização, para a compensação de deficiências e, portanto, para a redução do índice de repetência e evasão na primeira série do primeiro grau.

> Atualmente primeiro ano do ensino fundamental.

A partir de 1970, os parques infantis passam a atender somente crianças de 3 a 6 anos, e em 1974 é elaborado um currículo para a pré-escola, o que produz alterações no trabalho desenvolvido. Em 1975, os parques passam a ser denominados Escolas Municipais de Educação Infantil, e passa-se a requerer dos educadores habilitação em Educação Pré-Primária.

Ao mesmo tempo que as características assistenciais vão sendo substituídas por uma proposta mais "pedagógica" e "educativa", as instituições de atendimento à criança pequena perdem um pouco de seu caráter lúdico, espontâneo – e não espontaneísta –, e incorporam cada vez mais elementos do ensino primário ou do ensino fundamental. Nos antigos parques não havia salas – apenas uma para a realização de atividades como bordado, recorte, leitura de livros, atendimento médico; havia grande espaço ao ar livre, piscina, galpões para brincadeira, ginástica e refeições. A assistência era, na época, a concepção mais avançada que se tinha de educação, e a saúde e a higiene os maiores problemas a ser enfrentados pelos órgãos governamentais em decorrência do alto grau de mortalidade infantil (Faria, 1993). Não podemos simplesmente desconsiderar o valor educativo implicado na proposta inicial dos parques, já que, quando falamos de crianças pequenas, cuidar é também educar, e educar é cuidar também – mas não apenas. Mário de Andrade via nos parques um local de disseminação da cultura nacional, incentivando o trabalho com folclore, teatro, canto, dança. Os jogos, extremamente enfatizados na proposta, eram também momentos de aprendizagem, o que refletia o caráter lúdico – e também educativo – das propostas dos parques. *Educação significava*, portanto, *assistência* e *recreação*. Se hoje infelizmente esses elementos aparecem separados, ressaltamos que, na concepção original dos parques, eles apareciam integrados, respondendo às necessidades do período.

O que se fez foi "curvar a vara para o outro lado", como diria Saviani (1985): se a pré-escola não estava "auxiliando" o trabalho da escola primária, deveria então aproximar-se dela, incorporar características escolares, perdendo então sua identidade. No momento atual, evidencia-se um esforço no sentido de recuperar a especificidade da Educação Infantil, buscando o meio-termo – "o meio-termo de ouro", diria Aristóteles – a fim de garantir às crianças seu pleno desenvolvimento e o respeito às suas características e necessidades, o que implica educação e cuidado.

Retornando à questão do registro, objeto de estudo desta pesquisa, interessa-nos neste momento identificar – ou não – práticas de registro no contexto apresentado. Os educadores registravam? O quê? Para quê? Trata-se de questões a ser respondidas.

2. A memória do registro: buscando práticas de registro docente através do tempo

Pudemos identificar, por intermédio de pesquisa documental, a existência de escassos registros de práticas produzidos por professores de Educação Infantil – iniciativas bastante pontuais e restritas às instituições tidas como modelo e referência das demais. No plano estadual, o Jardim de Infância Caetano de Campos e a Escola Normal Caetano de Campos, mediante a *Revista do Jardim da Infância*, foram os responsáveis pela produção e divulgação de alguns desses registros. No plano municipal, na história dos parques infantis, encontramos *relatórios anuais* produzidos pela Divisão de Educação, Assistência e Recreio como registro das práticas desenvolvidas nos parques, relatos esses assinados – e certamente produzidos – pelo diretor da divisão (Nicanor Miranda) e pelos diretores dos parques infantis. Identificamos também alguns parcos registros produzidos por professores e publicados nos *boletins internos* da mesma divisão.

> No Centro de Memória encontramos cadernos de registros produzidos por professoras de primeira a quarta série. A análise desse material acabou não sendo integrada à presente pesquisa porque optamos por manter o foco na educação infantil.

Não tivemos acesso a nenhum caderno de registro produzido pelas professoras que atuaram nos parques infantis e no Jardim de Infância Caetano de Campos. Os acervos consultados – Memória Técnica Documental e Memorial do Ensino Municipal (prefeitura de São Paulo) e Centro de Memória da Faculdade de Educação da Universidade de São Paulo – não possuíam, no momento da pesquisa, cadernos de registros produzidos por professoras de Educação Infantil. Podemos formular algumas explicações para o fato: em primeiro lugar, se consideramos os cadernos de registro como materiais autobiográficos e, portanto, de cunho pessoal, torna-se compreensível sua ausência nos arquivos que guardam prioritariamente documentos e materiais oficiais, como é o caso da Memória Técnica Documental da prefeitura de São Paulo. Sendo esses materiais pessoais, semelhantes aos diários íntimos, não seriam, por conseguinte, divulgados, mas se restringiriam ao âmbito privado.

Outra hipótese possível é que esse tipo de registro não era valorizado e julgado instrumento essencial à ação docente. Analisando os boletins internos da Divisão de Educação, Assistência e Recreio da prefeitura de São Paulo, pudemos encontrar, em fichas produzidas pelos órgãos centrais, referência a registros que deveriam ser preenchidos pelos educadores (recreacionistas, sanitaristas, professores de Educação Física, entre outros) a respeito das crianças frequentadoras dos parques. Havia uma série de regras a ser seguidas no preenchimento dessas fichas, que serviam mais a fins burocráticos (organização de estatísticas sobre as atividades desenvolvidas) do que à reflexão sobre a prática. Se hoje avaliamos desse modo, certamente na época analisada esse tipo de registro mostrava-se adequado às necessidades e aos objetivos em questão.

Podemos ainda considerar a inexistência desses materiais como sintoma de que, para as autoridades, essas professoras pouco tinham para dizer. Na verdade, a análise dos registros da época (revistas, relatórios, boletins) leva-nos a crer que se esperava da jardineira e da recreacionista unicamente a execução das prescrições emanadas pela ciência: no caso das jardineiras, o que dizia a literatura estrangeira traduzida, ou seja, as lições inspiradas em princípios froebelianos e descritas detalhadamente na revista; no caso dos educadores dos parques infantis, o cumprimento dos preceitos médico-higienistas e de jogos, ginástica e educação física expressos nos boletins. Não se pensava no professor reflexivo, na complexidade da prática, e, portanto, não havia sentido na produção de registros com essa finalidade.

Foi-nos possível encontrar alguns poucos relatos de professoras nos *documentos* publicados no período. Documentos oficiais, único material preservado, única fonte escrita de memória. As histórias dos atores e de suas práticas se perdem, portanto. Permanecem os registros oficiais, que contam a história oficial, não revelando os bastidores e as percepções dos sujeitos implicados na construção da história da Educação Infantil. Apenas ao final da pesquisa tivemos conhecimento de registros produzidos pela professora Alice Meirelles Reis, dos quais falaremos mais adiante.

Centralizaremos a análise na *Revista do Jardim da Infância* (1896-1897) e nos *boletins internos* da Divisão de Educação, Assistência e Recreio, tecendo algumas considerações também acerca dos *relatórios anuais* sobre os parques infantis. A escolha deve-se ao fato de reputarmos a ambos – jardim de infância e parque infantil – como marcos introdutórios da Educação Infantil pública em São Paulo, na qualidade de instituições criadas e mantidas pelos governos estadual e municipal. A relevância das iniciativas na história da Educação Infantil conduz-nos, portanto, a centralizar a análise nos documentos anteriormente indicados.

Nos dois volumes da *Revista do Jardim da Infância*, publicados em 1896 e 1897, constatamos a existência de alguns pequenos relatos produzidos por Joanna Grassi (professora do primeiro período), Anna de Barros (professora do segundo período) e Izabel Prado (professora do terceiro período). De acordo com Gabriel Prestes, a revista visava a *"tornar conhecidos os processos empregados em tais instituições de ensino e reunir os elementos artísticos necessários à organização do ensino infantil pelo sistema froebeliano"* (*Revista do Jardim da Infância*, 1896, p. 5), com fim *"exclusivamente prático"* (id.), apresentando indicações a ser aprimoradas e transformadas. Nesse sentido, a publicação apresentava traduções de programas de jardins de infância estrangeiros e de textos sobre a proposta froebeliana, músicas traduzidas e adaptadas do alemão e do inglês, contos, lições de linguagem (conversações, cantos e contos escritos ou traduzidos por Zalina Rolim, professora responsável pelos exercícios de linguagem no jardim) e exercícios descritos detalhadamente, como um guia passo a passo.

São em grande número os textos assinados por Gabriel Prestes, diretor da Escola Normal Caetano de Campos (muitos dos quais traduções e adaptações), e por Maria E. Varella, inspetora de ensino. Zalina Rolim aparece também como autora de muitos artigos, essencialmente lições de linguagem, músicas e contos. Os textos produzidos pelas professoras são em número bastante reduzido, apesar de Gabriel Prestes afirmar, na introdução: *"iremos publicando os trabalhos que as nossas professoras já têm realizado e que, com vantagem, se aplicam às classes infantis"* (p. 6). Os relatos das professoras correspondem a descrições de atividades realizadas com as crianças e são essencialmente prescritivos, como um receituário que indica detalhadamente as ações a ser desempenhadas, um modelo a ser seguido:

> *Primeiramente, faz-se a distribuição das varetas, pelo processo de circulação, devendo as crianças que ocupam uma das extremidades de cada mesa, passar os macinhos de vareta a*

> *cada sinal dado. À medida que as crianças forem passando as varetas, irão colocando-as sobre a mesa na sua frente. Convidá-las-emos então a prestarem muita atenção.*
>
> *Tomaremos uma vareta e a primeira pergunta que devemos dirigir à classe, deve ser a seguinte: com o que acham parecido isto que tenho na mão? As crianças, certamente, responderão: "Com uma varinha". Ensinaremos então a dizerem varetas e não varinha. Pediremos a cada criança para descrever a sua vareta* (Anna de Barros, Revista do Jardim da Infância, 1896, p. 250).

Transparece o ritmo de produção fabril; é clara a intenção de disciplinar os movimentos da criança e também, de maneira implícita, do professor: *"Achando-se as crianças sentadas nos seus lugares, dá-se o primeiro sinal com a campainha a fim de ficarem atentas; ao segundo, devem ficar em pé e com as mãozinhas pousadas sobre os encostos das cadeirinhas e, ao terceiro, colocarem estas embaixo das mesas"* (Joanna Grassi, *Revista do Jardim da Infância*, 1896, p. 254).

São registros produzidos com a intenção de divulgar novo ideário por meio da transmissão de um modelo a ser seguido. Há apenas um registro que se diferencia dos demais: escrito por Zalina Rolim, intitula-se "Das 'minhas notas'" e apresenta uma reflexão sobre o desenvolvimento das crianças e sobre a atuação da professora junto a elas:

> *Neste princípio de ano tenho notado interessantes mudanças em nossas criancinhas.*
>
> *E daí, quem sabe se eu também terei mudado? O que sei é que as crianças mostram-se mais atentas e interessadas em nossas conversas de todos os dias.*
>
> *Uma delas, a Iracema, que durante quase todo o ano passado conservava-se indiferente às minhas narrações, é hoje uma das que mais prazer manifesta em ouvir-me* (Zalina Rolim, Revista do Jardim da Infância, 1897, p. 59).

Capa da Revista do Jardim da Infância

Passemos então às considerações sobre os parques infantis. No acervo da Memória Técnica Documental da prefeitura de São Paulo, pudemos encontrar *relatórios anuais* sobre os parques infantis (1938, 1943, 1945-1948, 1951) e *boletins internos* produzidos pela Divisão de Educação, Assistência e Recreio (1947-1957, 1969-1971). Nos relatórios aparecem muitos dados estatísticos e quantitativos, como controle de frequência, atividades relativas à assistência médica, número de jogos praticados durante o ano, média de frequência às aulas de ginástica, entre outros. Nota-se uma preocupação com a saúde das crianças assistidas e com a proposição de atividades recreativas (jogos, por exemplo), elementos centrais nas propostas dos parques infantis. Os relatórios eram produzidos mensalmente pela divisão com base em informações colhidas junto aos funcionários dos parques. Pudemos encontrar relatórios assinados pelos diretores das unidades (1945-1948) que apresentam síntese das atividades realizadas, estatísticas, problemas a ser superados.

Não tivemos acesso a cadernos de registros produzidos pelos educadores que atuavam nos parques; alguns relatos aparecem nos *boletins internos*, informativos mensais em que eram publicados comunicados internos, notícias sobre eventos e acontecimentos, calendários de reuniões, poemas, informes de aquisição e movimentação de livros na biblioteca, além de artigos assinados por "conselheiros" – técnicos que atuavam nos órgãos centrais em diferentes especialidades – e traduções de textos sobre saúde, psicologia, higiene, educação sanitária, educação física, entre outros. No boletim havia ainda uma seção intitulada "Material didático", destinada à indicação de propostas de atividades a ser desenvolvidas com as crianças, além de apresentar artigos com sugestões de jogos e brincadeiras.

Os relatos produzidos pelas educadoras sanitárias e recreacionistas são poucos, mas estão presentes nas publicações. São narrativas de experiências e reflexões sobre práticas desenvolvidas. Teriam as professoras maior autonomia e possibilidade de criação? Analisando a proposta educacional dos parques, identificamos certo grau de liberdade conferido às crianças, expresso no artigo 49 do Ato nº 861 de 30 de março de 1935, segundo o qual compete ao instrutor *"orientar as atividades recreativas da*

O conselho consultivo era composto de conselheiros nas seguintes áreas: Educação Geral, Assistência Geral, Medicina, Educação Sanitária, Educação Física, Recreação, Social Psiquiatria, Nutrição, Psicologia, Música, Educação Artística, Educação Física para Rapazes, Educação Física para Moças, Assistência a Rapazes, Odontologia. Os conselheiros assinavam grande parte dos artigos publicados nos boletins mensais, muitos dos quais consistindo em prescrições a ser seguidas pelos educadores. Ressaltamos ainda a ênfase no tema educação e saúde presente no boletim e na proposta dos parques infantis, além da questão da nacionalidade, explicitada em artigos de Educação Moral e Cívica e especialmente nas comemorações de datas cívicas, sempre referenciadas nas publicações. Também merece destaque o tema disciplina, bastante recorrente nos boletins.

criança, velando por ela sem lhe perturbar ou ameaçar a liberdade e espontaneidade no brinquedo". Mas isso se aplicava também à educadora? Abaixo, trecho de relato publicado no boletim:

> *"A primeira colheita da horta do Parque Infantil do Catumbi"*
> *Finalmente as crianças do Parque Infantil do Catumbi conseguiram saborear algum fruto do trabalho, que vêm desempenhando há alguns meses!*
> *Foram tantos os esforços, tão grande a perseverança que, apesar de todas as dificuldades, todos os obstáculos, foi possível realizar a colheita do primeiro canteiro que sobreviveu aos estragos de maldosas mãos...*
> *Foi o canteiro de couve que conseguiu trazer às crianças a satisfação imensa de encher dois grandes cestos de verdura [...]*
> (Dail C. Alvim, recreacionista, 12/5/1947, Boletim Mensal de Cultura, 1947, p. 145).

Imagens retiradas do folheto intitulado *O que são os parques e recantos infantis de São Paulo*, organizado pela Divisão de Educação, Assistência e Recreio no ano de 1949. No material não havia referência à data das fotografias e ao responsável por elas, mas acreditamos terem sido produzidas por Benedito Junqueira Duarte.

As fotografias dos parques infantis talvez possam indicar algum grau de liberdade, autonomia e espontaneidade conferido às crianças:

Recorte de gravuras, leitura de revistas, desenhos e jogos tranquilos

Natação

Recreação

Teriam as professoras também autonomia em sua ação? As prescrições presentes nos boletins suscitam dúvidas quanto a isso. Apesar de os parques terem sido criados no contexto da ditadura de Vargas, não podemos afirmar que o autoritarismo se refletia em sua proposta, em que pese seu caráter disciplinador junto às crianças de classe operária e suas famílias, especialmente no que se refere a orientações sobre saúde, higiene e puericultura. Ainda que a proposta nos pareça, no momento atual, sujeita a inúmeras críticas, no contexto da época a ideia dos parques foi considerada muito avançada e adequada à realidade social, marcada pela urbanização, pela insalubridade das cidades e pelo alto grau de mortalidade infantil. Era preciso fazer algo pelas crianças, conferindo-lhes o direito à saúde e à brincadeira. Quanto às educadoras, seria imprudente afirmarmos que o autoritarismo do regime se refletia nas relações entre elas e os órgãos superiores, e também seria leviano afirmar o contrário. Percebemos a tentativa de disciplinar suas ações, mas não sabemos efetivamente como isso ocorria em suas práticas.

A Revista Escola Municipal publicada por ocasião da comemoração do cinquentenário da Educação Infantil no município, em 1985, apresentou entrevista com educadoras recreacionistas que atuaram nos parques infantis. Na entrevista, fazem referência a reuniões semanais, aos sábados, com Nicanor Miranda (diretor da Divisão de Educação, Assistência e Recreio) e também à produção de relatórios diários de atividades a ser enviados à divisão. A escrita dos relatórios era obrigatória; aqueles que não os produzissem e entregassem não recebiam salário. A professora Bertha B. Coelho de Faria assim se expressa:

> *Nós tínhamos relatórios diários de atividades. Neste relatório, era tudo assinalado. No fim do mês era registrado e feito um balanço. E a dirigente fazia isso e entregava para receber o cheque de pagamento. Sem o relatório não se recebia. Antes da dirigente, cada funcionário fazia o seu.*

> *Apareceu aí a necessidade da escriturária, porque os relatórios eram muito extensos. Foi se avolumando o trabalho administrativo: coordenar, fiscalizar e planejar. A gente também tinha que apresentar planos mensais. No fim do relatório (com dados numéricos), havia um questionário e depois uma parte onde se faziam reclamações e sugestões (São Paulo, 1985, p. 24).*

Por meio do relato da professora, podemos levantar hipóteses acerca da concepção subjacente aos relatórios com base em alguns elementos: primeiramente, sua aparente padronização, já que era preciso "assinalar", preencher; em segundo lugar, o fato de constarem mais de dados numéricos que de narrações ou descrições, apesar de haver um campo destinado a esse fim (questionário e espaço para críticas e sugestões); por último, o volume e a extensão desses relatórios, o que, aliás, implicou a necessidade de funcionário especializado (escriturário) para auxiliar a produção. A racionalização e o controle fazem-se presentes: condição para receber pagamento é entregar relatório, o registro detalhado das atividades desenvolvidas no parque (ressaltando mais o aspecto quantitativo que o qualitativo). Os relatórios produzidos pela divisão sobre os parques infantis comprovam a ênfase na estatística ao descrever dados e as atividades desenvolvidas (número de matrículas, frequência média diária, número de atendimentos médicos, número de doenças diagnosticadas, festividades, jogos, entre outros). Revela-se interessante, por outro lado, a abertura de espaço à crítica, que pode revelar a intenção de diagnosticar falhas e buscar superá-las. Santos (2005, p. 172) apresenta modelo para os relatórios mensais das instrutoras encontrado no regimento interno dos parques, reproduzido a seguir:

RELATÓRIO MENSAL
PARQUE INFANTIL _____ MÊS DE _____
Instrutora _____

Título I

1. REGISTRADAS	Meninos: Meninas: Total:
a) Registradas durante o mês	Meninos: Meninas: Total:
b) Registro provisório	Meninos: Meninas: Total:
2. FREQUÊNCIA GERAL	Matriculados: Não matriculados: Matriculados provisoriamente: Total:
a) Frequência aos domingos	
GINÁSTICA MATRICULADOS	Meninos: Meninas: Total:
a) Matriculados durante o mês	Meninos: Meninas: Total:
b) Eliminados da ginástica	Meninos: Meninas: Total:
c) Média de frequência diária	Meninos: Meninas: Total:
TRABALHOS MANUAIS	Meninos: Meninas: Total:
3. MOVIMENTO DA BIBLIOTECA	
a) Consultas	I) Livros: II) Revistas: Total:
b) Consulentes	Meninos: Meninas: Total:
c) Média de frequência diária à biblioteca	Meninos: Meninas: Total:
ELIMINADOS DO PARQUE DURANTE O MÊS	Meninos: Meninas: Total:
ACIDENTES NO PARQUE DURANTE O MÊS	Matriculados: Não matriculados: Total:

> **Título II**
> Mapa dos trabalhos a serem realizados.
>
> **Título III**
> Novas atividades, recreações, experiências e jogos realizados e ensaiados durante o mês.
>
> **Título IV**
> a) Sugestões.
> b) Observações informais.
>
> **Observações:**
> – Não podendo ser o relatório datilografado, a caligrafia deve ser bem legível.
> – o Título IV é reservado expressamente para tudo quanto estiver no critério da instrutora sugerir, informar ou propor, da forma que melhor julgar e com toda a liberdade.

Os relatórios pareciam constituir importante material a ser produzido pelas educadoras, já que aparecem, com certa frequência, referências a eles nos boletins. Nota-se a intenção de disciplinar as educadoras e diretoras, tendo em vista a produção "correta" dos relatórios, compostos de fichas mimeografadas e entregues pela Divisão de Educação, Assistência e Recreio aos parques; esperava-se o preenchimento exato do material, a fim de imprimir um tom científico à sua produção. Estas considerações podem ser comprovadas nos trechos extraídos dos boletins e apresentados a seguir:

> *Resultados e resoluções tomadas nas reuniões de abril*
> *- Os relatórios mensais das diversas especialidades deverão ser entregues em conjunto, formando um só volume;*
> *- a entrega fica a cargo do diretor, o qual relacionará, em um "memorandum", os funcionários faltosos;*
> *- os relatórios deverão ser entregues no dia do pagamento;*
> *- sem a entrega do relatório, o funcionário não receberá o cheque;*

> *- a entrega dos relatórios deverá ser feita aos encarregados do expediente de Ed. 1, os quais deverão providenciar o seu encaminhamento imediato para Ed. 101;*
> *- em todas as unidades deverá constar uma cópia dos relatórios enviados à chefia;*
> *- combinou-se que os diretores receberão relatórios em branco, de todas as especialidades, em número suficiente para o corrente ano;*
> *- os estagiários deverão preencher relatórios mensais, obedecendo às normas já estabelecidas aos funcionários* (Boletim interno da Divisão de Educação, Assistência e Recreio, abril de 1948, p. 113).

Em maio de 1949, Noêmia Ippolito, então chefe da Seção Técnico-Educacional e conselheira de Educação Geral, assina um artigo sobre a "Pasta do educando", documento composto de nove fichas a ser preenchidas pelos educadores dos parques. Enfatiza o caráter científico do preenchimento do material, indicando orientações a ser seguidas a fim de garantir maior objetividade às anotações. Tais explicações partem da constatação de que *"os funcionários não compreendiam bem o valor das observações a serem colhidas na Ficha de Conduta"* (p. 179); daí a necessidade de normatização desse preenchimento. Buscava-se objetividade na observação e no registro:

> *É importante, todavia, que os que anotam dados, façam observações ou preencham fichas, sejam portadores de uma atitude científica. Assim, em lugar de anotar o que depreendem ou interpretam do que ouvem, devem limitar-se a anotar somente o que lhes foi dito e como lhes foi dito.*
> *Quando quiserem anotar alguma impressão pessoal, deixem claro tratar-se tão somente de impressão, acompanhando a anotação dos elementos objetivos que causaram tal impressão.*
> *O técnico deve ter em mente que quando está preenchendo uma ficha é, antes de mais nada, um pesquisador* (Noêmia Ippolito, Boletim interno da Divisão de Educação, Assistência e Recreio, maio de 1949, p. 179).

Apesar dessas questões, percebemos, de certa forma, a valorização da observação da criança e do registro dessas observações. A ficha de conduta em que era realizado esse registro parece ser considerada instrumento essencial à tarefa educativa.

> *É preciso, portanto, que as observações feitas pelo educador não se percam e, para tanto, é necessário que sejam anotadas na Ficha de Conduta. A finalidade precípua desta ficha é, portanto, fornecer dados minuciosos sobre o comportamento da criança, de modo a permitir que, pelos dados obtidos através das múltiplas observações, sejam estabelecidas as diferentes características de cada criança, suas qualidades, preferências, temperamentos, aptidões e defeitos, com posterior indicação dos meios mais seguros para procedermos à sua educação ou tratamento.*
>
> *Como vemos, a tarefa educativa será assim facilitada pela Ficha de Conduta, que fornecendo dados para a determinação da individualidade da criança, proporciona ainda esclarecimentos úteis à ação do educador* (Ruth Amaral Carvalho, Boletim interno do Departamento de Educação, Assistência e Recreio, janeiro de 1950, p. 21).

Em algumas ocasiões, aparecem nos boletins problemas constatados em relação às fichas, seguidos de orientações. Entre eles destacamos a existência de fichas de conduta em branco na pasta do educando, questão apontada algumas vezes nos boletins. Por que as fichas não estariam sendo preenchidas? Havia condições de trabalho que garantissem ao educador a possibilidade de seu preenchimento? Lembramos que o número de crianças que frequentavam os parques era bastante elevado e eram poucas as educadoras responsáveis pelas atividades. Em nenhum momento aparece esse questionamento; são passadas informações a fim de orientar os educadores, como se a técnica fosse a única causa do problema.

Certamente identificamos aí uma noção de registro bastante diferente da que propomos hoje, permeada por uma concepção de professor como autor de sua prática, percebida em toda sua complexidade. As orientações/prescrições presentes nos materiais analisados indicam-nos o ideário da época, adequando-se perfeitamente ao objetivo de racionalizar, normatizar e controlar a prática com base em meios objetivos e, portanto, seguros e eficazes. Só não sabemos se o preenchimento das fichas efetivamente possibilitou que a tarefa educativa fosse "facilitada", como aponta o excerto acima, ou significava apenas acúmulo de trabalho desprovido de sentido.

Merecem destaque os registros produzidos por Alice Meirelles Reis, professora do Jardim de Infância Caetano de Campos e também professora da escola normal. Registrar era uma prática incomum nas décadas de 1920 e 1930 e, no entanto, Alice Meirelles registra sua prática por meio de fotos e escritos (Santos, 2005). A professora assume posição de destaque no cenário educacional, sendo reconhecida na rede pelo trabalho desenvolvido no jardim de infância e no curso da escola normal. Mesmo sem assumir cargo de chefia na administração dos parques, era requisitada para desenvolver atividades junto a instituições de Educação Infantil. A professora destaca-se não apenas por sua prática, que apresenta inovação em termos metodológicos; destaca-se também por seus registros, por perceber o trabalho cotidiano como objeto de estudo, reflexão, experimentação, criação. Em uma época em que as professoras eram consideradas executoras de propostas concebidas por especialistas – apesar de desfrutarem de relativa autonomia em seu cotidiano de trabalho –, Alice Meirelles rompe com esse paradigma e mostra-se autora, escritora, produtora de conhecimentos.

Notamos, tanto na *Revista do Jardim da Infância* quanto nos boletins e relatórios produzidos sobre os parques infantis, o ideário escolanovista, que tem seu apogeu na década de 1930, período em que são criados os parques. A educação é concebida como instrumento de regeneração do povo, de civilização e progresso; daí a necessidade de investimentos nesse setor e, especialmente, de controle e racionalização das práticas, tendo em vista a maior produtividade e eficiência no cumprimento de sua função. A técnica e a ciência são apresentadas como solução para a "urgente" e "necessária" modernização do país. Nesse contexto, podemos identificar a tentativa de padronização de práticas – intenção explícita nas inúmeras prescrições presentes na revista e nos boletins – e de criação de um sistema nacional de ensino. A reforma de ensino em São Paulo (1920), a reforma de ensino do Distrito Federal (1927), a criação do Ministério de Educação e Saúde (1931), a publicação do Manifesto dos Pioneiros de 1932, entre outros, mostram-nos claramente o ideário subjacente às propostas (Mate, 2002). Passemos, então, a considerações sobre o movimento Escola Nova e sobre o papel do registro nesse contexto.

3. Escola Nova: o registro e a produção/ divulgação de conhecimentos pedagógicos

Na tentativa de resgatar a história do registro docente – ou, ao menos, tentar identificar no tempo algumas práticas de registro realizadas pelos professores –, iniciamos um processo de pesquisa bibliográfica a fim de melhor compreender o cotidiano do trabalho pedagógico e da formação de professores em outras épocas da história da escola brasileira. Chegamos, então, ao período republicano, momento caracterizado pela convergência de esforços para a estruturação e expansão do ensino público, elemento imprescindível à construção da nacionalidade e, especialmente, ao progresso. À formação de professores, nesse contexto, passa a ser conferida maior atenção; a escola normal é reestruturada, tendo o currículo ampliado e a duração prolongada e passando a exigir "cultura enciclopédica" dos ingressantes. Paralelamente

> Rui Barbosa, em sua proposta de reforma do ensino primário (1882), atribui à memorização a má qualidade da educação pública, acusando os professores de incompetentes por empregarem esse método de ensino. A introdução da memorização na escola decorre da influência do modelo jesuítico de instrução, assim como de outras noções também aplicadas ao universo escolar à época do Império: disciplina do silêncio, organização em fileiras, repetição. A tradição da memorização mecânica relaciona-se ao catecismo e à sua formatação em perguntas e respostas padronizadas, modelo aplicado nas avaliações escolares. A memorização era empregada pelos professores por corresponder ao que era exigido pelos examinadores externos e pela própria sociedade, consistindo na forma mais rápida de preparar os alunos para exames e para o ingresso no ensino superior (cf. Souza, 2000, p. 90).

às escolas normais – tidas como centros de excelência –, são criadas escolas complementares, também encarregadas de formar professores (Reis, 1994). É um período de construção da identidade do curso e, especialmente, de definição de saberes específicos da profissão no plano científico, ainda escassos. Pesquisa, leituras e registro constituem elementos essenciais à divulgação de novo ideário e à produção de conhecimentos no interior das escolas.

A escassez de conhecimentos pedagógicos sistematizados torna compreensível o empreendimento de alguns educadores no sentido de construir a especificidade da atuação docente e dotá-la de aparato científico. Percebe-se a necessidade de investimento na formação de professores como alicerce da mudança, enfatizando a *observação*, a *experimentação* e a *pesquisa* como formas de aprendizagem do "ser professor".

Instaura-se no imaginário pedagógico, à época republicana, o mito da ciência como elemento essencial ao *progresso e à modernização do país*. À escola é atribuída a missão de construir a nação à luz da sociedade europeia, regenerar o povo brasileiro, *"transformar as multidões sem tutela que infestavam as cidades ou perambulavam pelos campos num povo submisso, higiênico, educado, laborioso e fiel"* (Souza, 2000, p. 68). A escola pública primária do Império, caracterizada pela denominada "política do favor" (que, muitas vezes, se sobrepunha ao mérito), pelas precárias condições de trabalho (prédios arruinados e escassez de materiais), deveria ser esquecida por representar a escravidão, o atraso. O problema educacional brasileiro é reduzido a uma questão de método de ensino; a memorização mecânica é recriminada, devendo ser substituída por modelos mais adequados e científicos.

Tornam-se compreensíveis os esforços empreendidos no sentido de elaborar propostas e métodos de ensino, assim como o empenho na divulgação desse novo ideário: a educação e a utilização de métodos adequados e científicos garantiriam o progresso da nação. Concebe-se o trabalho docente como atividade constituída por um saber técnico específico, um saber pautado na prática, pressuposto que engendra a alteração das propostas de formação de professores. Anísio Teixeira e Fernando de Azevedo empenham-se na construção e divulgação de saberes pedagógicos, percebendo a escola como laboratório, como espaço de pesquisa, investigação e experimentação. Seria a valorização da experiência docente? Ou a tentativa de retirar do professor seu saber, substituindo-o por técnicas cientificamente analisadas e, portanto, mais eficazes?

Vidal (2001) dedicou-se amplamente ao estudo de práticas de formação de professores desenvolvidas no Instituto de Educação do Distrito Federal (Rio de Janeiro) no período de 1932 a 1937, durante a atuação de Fernando de Azevedo e Anísio Teixeira. A valorização da prática como campo de aprendizagem do ofício docente concretizava-se, no curso de formação de professores, na realização de atividades de *observação, participação* e *direção* nas salas de aula das escolas primárias. As professorandas, em grupos, observavam a atuação das professoras da escola elementar e também realizavam regências de aula, sendo observadas. Encontramos, nessas propostas, *práticas de registro* empreendidas pelas alunas com base na observação da professora regente ou na atuação de suas colegas, anotações que, posteriormente, eram levadas à discussão nos grupos com a assistente da Seção de Prática do Instituto de Educação. Cada aluna anotava, em um questionário, aspectos referentes a conteúdo, encaminhamento, participação dos alunos, atuação da regente. Acreditava-se que as *"constantes avaliações e críticas das situações de ensino/aprendizagem faziam com que as professorandas repensassem sua prática, tentando aprimorá-la, incorporando a observação dos pares e professores"* (Vidal, 2001, p. 120). Trata-se de exemplo interessante de formação inicial.

No primeiro trimestre ocorriam apenas as atividades de observação, em que as alunas da escola de professores, em grupos, observavam salas de aula da escola primária, realizando anotações e discutindo posteriormente. A participação ocorria no segundo trimestre, compreendendo planejamento de aula pela professoranda com a professora regente da escola primária e posterior aplicação junto ao grupo de alunos, num período de 20 a 30 minutos. Professora regente, colegas da escola de professores e assistente do instituto observavam a atuação da aluna, respondendo ao questionário e encaminhando discussão. Nas atividades de direção, realizadas apenas no terceiro trimestre, a classe da escola primária ficava sob total responsabilidade da aluna num período de três horas, sendo produzidos relatórios pelos observadores, pela professora regente do grupo de alunos e pela professoranda regente da aula (Vidal, 2001, p. 118-120).

89

A referência aos questionários fez-me lembrar de minhas experiências de estágio no curso normal, nas quais também éramos solicitadas a utilizar fichas-questionário para o registro de observação. Nas atividades de regência de classe, os questionários eram respondidos pelas professoras responsáveis pelas turmas em que atuaríamos, assumindo função avaliatória. A cada um dos itens era atribuída uma menção (Bom, Muito Bom, Regular, Insuficiente) e comentários, e os professores do curso normal responsáveis pelas práticas de ensino atribuíam ao estagiário e a seu desempenho uma nota de 0 a 10. O mais interessante é que o fato ocorreu nos anos 90, ou seja, bastante recentemente, e esse tipo de prática já era comum na década de 30.

Os indícios levam-nos a crer que o registro funcionava como instrumento de apoio à discussão sobre o observado, retrato do real. A "arte de ensinar" demandava capacidade de observar; o saber-fazer seria aprendido no processo de observação e exercitação de técnicas e procedimentos, em verdadeiro exercício laboratorial. O olhar e/ou a percepção das professoras eram disciplinados, lapidados em uma direção técnico-política.

Assim como havia técnicas para o ensino, o registro e a observação também eram normatizados. A utilização de questionários mediava a observação, disciplinando o olhar. Esse tipo de registro respondia às necessidades do instituto e ao momento vivenciado pela instrução pública brasileira. De qualquer modo, o que nos interessa é evidenciar que o registro era utilizado nas propostas de formação e de avaliação da prática, assumindo papel de suporte à observação e à posterior discussão e reflexão sobre o observado.

Inquéritos e relatórios também eram produzidos pelos professores dos diferentes níveis de ensino e pelas alunas do curso

> Nomenclatura empregada para designar pesquisa e estudo de investigação sobre questões referentes à realidade concreta. Eram realizados questionários para diagnóstico e análise, trazendo respostas às indagações que motivavam a pesquisa. Podemos citar, a título de exemplo, o inquérito produzido pelo professor Nerêo Sampaio, na escola secundária, sobre a capacidade visual de observação dos alunos. Na pesquisa, o professor utilizou como instrumentos fichas individuais de alunos para registro de frequência e aproveitamento, dados que eram organizados em gráficos mensais. As dificuldades dos alunos eram tabuladas, indicando encaminhamentos a ser desenvolvidos pelo professor. A investigação teve origem na constatação de que 92% dos estudantes (entre 11 e 18 anos), em 1932, estavam com idades visuais de 8 a 10 anos, apresentando problemas de deformação na observação do mundo natural. O professor estudou diferentes programas de ensino de desenho e aplicou-os a diferentes turmas, a fim de identificar o melhor. Como resultado, constatou que o desenho constituía uma disciplina de estudo como outra qualquer e que apenas 5% dos estudantes não eram capazes de aprender, por falta de vocação (cf. Vidal, 2001, p. 156).

de professores. É nítida a preocupação existente com a divulgação de trabalhos, investigações e experiências sobre o ensino – essenciais à difusão do ideário escolanovista –, necessidade respondida pela elaboração e publicação de inquéritos nos *Arquivos do Instituto de Educação*, revista editada pela escola. Segundo Vidal, outras escolas municipais também produziam relatórios e inquéritos, que serviam não apenas à divulgação de experiências, mas também ao controle das práticas.

"Não bastava que os inquéritos fossem realizados, era imprescindível publicá-los, só assim as pesquisas educacionais poderiam influenciar no 'pensamento pedagógico do país', como afirmava Anísio Teixeira" (Vidal, 2001, p. 143). Mais que instrumento de reflexão e aprimoramento da prática, o registro era concebido como instrumento de disseminação de novo paradigma, elemento de mudança e de formação de pensamentos.

Os inquéritos eram relatos de pesquisas, de investigações ou de experiências relativas ao ensino que partiam da constatação de um problema ou dificuldade e levavam à construção de uma proposta de superação. O Instituto de Educação do Distrito Federal publicou ao todo oito revistas, veiculando pesquisas realizadas nos diferentes níveis de ensino que versavam sobre diversos temas, entre os quais podemos citar, a título de exemplo: caligrafia, sistema de avaliação por testes, capacidade visual de observação dos alunos, experiências com classes fracas e fortes selecionadas pelos testes ABC, alimentação dos alunos, disciplina.

Observamos então a escola como espaço de produção de conhecimento, instância de formação por intermédio da pesquisa, da experimentação, da construção de novas propostas. O interessante, e surpreendente, é constatar que práticas de registro, produção de saberes e divulgação de experiências já ocorriam na escola pública brasileira na década de 1930 – ou ao menos no Instituto de Educação do Distrito Federal. Não podemos afirmar com certeza que essas práticas também ocorriam em outras

Teste ABC: instrumento criado por Lourenço Filho para avaliar/mensurar as aptidões relacionadas à leitura e escrita dos educandos, a fim de organizar classes homogêneas com base na classificação e seleção dos escolares. O teste ABC insere-se no movimento de configuração da Psicologia como ciência aplicada à educação, processo acompanhado por intensa organização e introdução de testes no âmbito escolar. Lourenço Filho destaca-se como grande divulgador desse novo ideário, empenhando-se na construção de nova mentalidade e na substituição de práticas rotineiras de natureza empírica por processos científicos, muitas vezes pautados nas contribuições da Psicologia. *"Os Testes ABC podem ser analisados como instrumentos de uma nova psicometria articulada ao tratamento estatístico, que visa identificar, lógica e objetivamente, a variedade mental e se fundamenta no conceito de maturação; contêm oito provas destinadas a medir os atributos particulares do escolar, a fim de assinalar as deficiências particulares de cada criança, para a organização eficiente das classes escolares. Método prático e econômico de aplicação em grande escala, essas provas psicológicas medem: coordenação visivo-motora, memória imediata, memória motora, memória auditiva, memória lógica, prolação, coordenação motora, e mínimo de atenção e fatigabilidade"* (MONARCHA, Carlos. *Lourenço Filho e a organização da psicologia aplicada à educação (São Paulo, 1922-1933)*. Brasília, DF: Inep/MEC, 2001. p. 31).

instituições; talvez a experiência fosse restrita a alguns "centros de excelência", não abrangendo a grande maioria de educadores e de escolas. Lembramos ainda que a escola pública, durante longo período, se destinou quase exclusivamente à elite.

Cabe perguntar: será que todos os professores produziam esse tipo de registro? Ou alguns poucos produziam, enquanto os outros apenas "consumiam"? Há duplo aspecto a ser considerado: se, por um lado, os registros representavam a produção e a socialização de saberes, teorias e práticas, por outro poderiam sobrepor-se à experiência de professores que não tiveram acesso ao curso normal, por exemplo. Apesar disso, não podemos desconsiderar a importância dessas práticas na construção e divulgação de saberes no campo educacional.

A construção de práticas de registro da ação pedagógica por parte de educadores, longe de ser atividade meramente burocrática, constitui importante contribuição para a formação em serviço, para a melhoria da qualidade do ensino, para a produção de saberes no espaço da escola. As memórias da história da instrução pública no Brasil mostram-nos que esse tipo de ação já existiu em algum tempo e espaço e, portanto, não é algo totalmente novo, um "modismo" a mais a ser instaurado no imaginário pedagógico. Ao contrário, faz-se necessário construir essas práticas de formação, conferindo-lhes especificidades a fim de adequá-las às necessidades e ao paradigma atual de formação de professores. Nesse sentido, acreditamos ser a prática do registro inerente ao trabalho pedagógico.

A experiência levada a efeito pelo Instituto de Educação do Distrito Federal mostra-nos também a necessidade de criação de condições (materiais, espaciais, temporais) para que as práticas de registro e produção de saberes na escola sejam efetivadas, o que demanda ações institucionais. No texto de Vidal não há referência a espaços ou momentos em que os professores realizavam seus inquéritos, mas são citadas formas de incentivo à produção docente.

> *Ao mesmo tempo que a administração anisiana premiava o professor que apresentasse produção literária, oferecendo-lhe vantagens salariais, incentivava-o, adquirindo suas obras. A produção literária era reconhecida como uma atividade necessária ao aperfeiçoamento do magistério, tanto na ênfase à pesquisa, concebida como meio de renovação dos conhecimentos do mestre, quanto na ênfase à produção pedagógica, elaboração de textos de apoio ao exercício docente* (Vidal, 2001, p. 180).

Segundo a autora, os trabalhos produzidos pelos professores no período de Anísio Teixeira não correspondiam a determinações burocráticas, dirigindo-se ao professorado de forma mais ampla. Ao contrário, durante a administração de Fernando de Azevedo, os professores produziam relatórios em cumprimento de exigências administrativas escolares. As implicações embutidas nessas duas configurações (registro como atividade espontânea, registro como cumprimento de determinações superiores) merecem ser analisadas mais profundamente em um momento oportuno. Por ora, vamos apenas elucidar a problemática.

Registrar é produzir conhecimento, e produzir conhecimento é valorizar a prática pedagógica e o ofício docente. À contribuição à formação e ao aperfeiçoamento profissional do professor vincula-se ainda o resgate da identidade docente possibilitado pelo registro. Não basta pensar em propostas; é preciso ir além, buscar formas de concretizá-las na prática, pensar em tempos, espaços e formas de encaminhamento. Parece essencial garantir, no horário de trabalho dos professores, momentos para produção e, especialmente, para reflexão coletiva sobre as práticas, como faziam as alunas do curso de formação de professores do Instituto de Educação. Buscar no passado luzes que iluminem o presente e possibilitem a construção de projetos para o futuro é o que temos procurado fazer neste momento.

Não se trata de recuperar práticas, mas, sim, de refletir sobre elas e traçar possíveis caminhos a ser construídos, considerando a escola pública atual em todas as suas contradições.

* * *

Por que rever em outros tempos os registros de prática produzidos pelos professores de Educação Infantil? E por que insistir nos anos 1930? Qual a relevância dessas questões para a pesquisa?

Um dos primeiros motivos que nos fizeram buscar no tempo formas de registro no contexto da Educação Infantil foi o fato de percebermos memória e registro como elementos indissociáveis. Não podemos falar em registro sem referirmo-nos a seu potencial como documento, enquanto possibilidade de guardar experiências e construir história. Ao registrar, produzimos memória, deixamos uma marca no tempo. Consideramos então importante resgatar práticas de registro na história da Educação Infantil, tentando identificar os pressupostos e as concepções a elas subjacentes. Conhecer a história para compreender o presente, percebendo no passado as raízes do que vivemos no momento atual.

Identificamos a história da Educação Infantil e do professor, uma história marcada pela submissão da experiência à ciência, da "prática" à "teoria", do professor à hierarquia de técnicos, conselheiros, dirigentes encarregados de "pensar" a educação. Passamos a compreender as raízes das questões contemporâneas, a analisar de forma mais crítica o movimento atual em que presenciamos inovações, teorias e propostas lançadas aos professores e muitas vezes assumidas de forma acrítica e superficial. E passamos também a analisar de maneira crítica e cuidadosa o intento de que os professores registrem suas práticas, fazendo desse registro instrumento de reflexão e desenvolvimento profissional. O registro não pode aprisionar ou servir apenas a fins estatísticos, como ocorria nos parques; precisa libertar o professor, tornando-o autor de sua prática. Outro propósito a ser acrescentado é que esses registros sejam valorizados, preservados e contribuam para a construção da memória da Educação Infantil e da escola.

4. Registro e memória

Passemos, neste momento, à análise das relações entre registro e produção de memória. As considerações fundamentam-se especialmente em concepções de Walter Benjamin e refletem a percepção do registro como possibilidade de dar voz ao professor, personagem cuja narrativa foi sendo silenciada ao longo da história da escola em proveito dos saberes da ciência, únicos tidos como legítimos. A experiência docente foi – e ainda é – desconsiderada, e o registro de práticas pode ser concebido como instrumento capaz de recuperar o significado da prática docente, conferindo-lhe algum estatuto.

Inicialmente são tecidas algumas considerações sobre a relação entre escola e memória e entre memória e modernidade, seguidas de breve análise do processo – vivenciado pelos professores – de atrofia da narrativa e da experiência acumulada. Ao final situamos o registro nesse contexto, entendendo-o como alternativa de recuperação da fala docente e de legitimação dos saberes produzidos na prática pedagógica.

4.1. Sobre memória

Fala-se tanto de memória porque ela não existe mais.
PIERRE NORA

Publicado em 1973, originalmente em francês.

Em *Memórias de Adriano*, Marguerite Yourcenar reconstrói um tempo, uma sociedade, um homem. No romance, narrado em primeira pessoa, a autora dá voz ao imperador na tentativa de produzir um livro de memórias, como se Adriano, ao final de seus dias, fizesse um esforço de ordenação de lembranças, atribuindo um sentido aos acontecimentos. Trata-se de tarefa nada fácil, que requer muitas leituras, pesquisas, contatos com imagens, mapas, locais. É tentativa de reconstrução de uma época: a história de uma sociedade narrada por um de seus protagonistas; a história de um homem servindo à expressão de um tempo. Memórias que se entrelaçam, ganham vida. *"Refazer por dentro aquilo que os arqueólogos do século XIX fizeram por fora"* (Yourcenar, 2003, p. 257).

A narrativa de Yourcenar é o resultado do esforço de instalar-se na intimidade de outro tempo (2003, p. 266), trabalho minucioso de produção de memória, organização de fragmentos capturados nos livros escritos por historiadores, nas cartas e nos poemas da época, nas inscrições e imagens encontradas na Vila Adriana, em Tibur (atual Tivoli), ou em museus. É construção de uma vida, de uma narrativa, lidando com os esquecimentos e as faltas; reconstrução do passado à luz do presente, à luz das marcas que nos foram deixadas, abrindo uma caixinha perdida no fundo de um armário, colando peças em um mosaico, conferindo sentido a formas inicialmente desconexas, construindo história.

> Referência à obra de Ana Maria Machado *Bisa Bia, Bisa Bel.*

Quando falamos em memória, fazemos referência aos aspectos acima mencionados, presentes na obra de Marguerite Yourcenar. Memória como construção, como trabalho sobre as lembranças do passado à luz das experiências do presente, à luz do contexto. *"Na maior parte das vezes, lembrar não é reviver, mas refazer, reconstruir, repensar, com imagens e ideias de hoje, as experiências do passado"* (Bosi, 1979, p. 17). Na escrita de uma autobiografia, na narração de um dia de aula, no relato de um projeto, em todos os casos trabalhamos com memória, reconstruindo lembranças que se apresentam de maneira singular a cada pessoa, que interpreta, compreende, analisa os acontecimentos por meio da mediação de sua história de vida, de seus conhecimentos, crenças e concepções.

Diferentemente do que propõe Henri Bergson (apud Bosi, 1979), que considera a memória conservação do passado em estado inconsciente e trazido à tona com base nas percepções do presente, concebemos a memória como construção; não um reviver, mas um refazer acontecimentos, fatos, lembranças, como analisa Halbwachs: *"Por mais nítida que nos pareça a lembrança de um fato antigo, ela não é a mesma imagem que experimentamos na infância, porque nós não somos os mesmos de então e porque nossa percepção alterou-se e, com ela, nossas ideias, nossos juízos de realidade e de valor"* (apud Bosi, 1979, p. 17). Cada rememoração é única, porque somos únicos e singulares a cada momento. A memória é flexível, ajustável às nossas concepções, conservando o passado da forma como é mais apropriada ao sujeito. Transpondo a questão para a prática pedagógica, cabe reconhecer que uma situação pode ser tida como problemática no momento em que deparamos com ela, na ação, e assumir outros contornos quando de uma leitura posterior, ao registrarmos nossas lembranças, e que outras percepções podem surgir ainda mais adiante, ao retomarmos esses registros.

A memória é ainda seletiva, assim como o é o registro, e individual: um mesmo fato pode ter significados diferentes para diferentes sujeitos, pois também são múltiplas suas experiências. Por outro lado, Bartlett (apud Bosi, 1979), ao lançar o conceito de "convencionalização", adverte-nos de que a memória é também uma construção social, o que possibilita a criação de esquemas comuns de interpretação dos fatos capazes de produzir uma *"versão consagrada dos acontecimentos"* (p. 27), conferindo-lhes inteligibilidade. Mais uma vez, memória como construção, produção, e não reaparição do passado: tarefa do sujeito sobre as lembranças.

Considerar a escola local de memória remete-nos à reflexão acerca da função social dessa instituição. Implica percebê-la como organização responsável pela transmissão de uma cultura socialmente construída às novas gerações, espaço de encontro entre passado e futuro. Parafraseando Hannah Arendt (1997), temos um tesouro perdido, uma herança sem testamento, um passado relegado em decorrência da perda da memória, da perda da tradição. A escola insere-se nesse contexto, assumindo função socializadora de formação do cidadão, de transmissão de uma memória coletiva capaz de conferir identidade comum a um grupo.

Podemos ainda avaliar a relação escola-memória de outra perspectiva: a escola como produtora de memórias. Espaços, objetos, construções, lembranças de alunos e professores: a história de uma escola, de uma época, de uma sociedade vai sendo construída diariamente nas múltiplas relações aí estabelecidas. Sob a luz do presente, experiências passadas vão ganhando forma e significado, e aquela massa amorfa de dados e lembranças adquire sentido e ilumina o futuro. Surge, então, a memória, interpretação do passado, apropriação de um tesouro, construção de identidade. Sem memória não há passado nem futuro; a vida torna-se simples "passar o tempo", uma rotina que nos avassala. Sem memória perde-se o sentido da existência.

Parece-nos necessário refletir sobre a problemática da memória na atualidade a fim de melhor compreender sua relação com as práticas de registro docente. Pierre Nora (1993) inaugura a noção de "lugares de memória", espaços responsáveis pelo armazenamento e proteção da memória que já não existe. A aceleração da história insere-nos em um presente contínuo;

já não há passado, não há tradição, não há experiência a ser transmitida. Os acontecimentos passam por nós sem deixar marcas, sem que seja produzido um sentido, uma compreensão.

A necessidade insaciável de materializar a memória, de produzir arquivos, de conservar sinais retrata a perda da verdadeira memória, antes mantida viva por grupos, transmitida de geração a geração, sempre em movimento, em construção. *"Se habitássemos ainda nossa memória, não teríamos necessidade de lhe consagrar lugares"* (Nora, 1993, p. 8).

Rapidez, aceleração. Inseridos em um ritmo frenético, a existência passa sem que consigamos vivê-la, senti-la. Já não há experiência no sentido benjaminiano; há apenas vivências. Tornamo-nos aquele homem da multidão, perdemo-nos na massa, deixamo-nos levar por ela sem reflexão. É o ritmo do operário na linha de montagem.

4.2. A narrativa silenciada: para onde foi a experiência docente?

> *[...] a capacidade de ouvir atentamente vai se perdendo, e perde-se também a comunidade dos que escutam. Pois narrar estórias é sempre a arte de transmiti-la depois, e esta acaba se as estórias não são guardadas.*
> WALTER BENJAMIN

No texto "O narrador", Benjamin faz referência ao processo, vivenciado na modernidade, de aceleração do tempo e à progressiva atrofia da experiência e da tradição. O autor destaca a *narrativa*, o relato de caso como forma de transmissão de experiências, de reconstrução do vivido, de socialização de saberes e significados, expressão favorável à partilha de conhecimentos. Experiência e narrativa aparecem, em Benjamin, como conceitos interdependentes: o relato permite a incorporação da prática ao conjunto de saberes do narrador, tornando a experiência passível de ser compartilhada.

Em seu texto "Sobre alguns temas em Baudelaire", Benjamin diferencia *experiência de vivência*, considerando a primeira verdadeira apropriação de um acontecimento pelo sujeito, elaboração, atribuição de sentido. A vivência, ao contrário, corresponderia às respostas automáticas aos fatos, sem reflexão, sem significado. A crise da modernidade, para o autor, instaura a progressiva decadência da experiência e, com ela, da memória. O imediatismo, a automação, a homogeneização, o individualismo, elementos que caracterizam a sociedade contemporânea e as relações humanas na época atual, provocam essa ruptura entre indivíduo e grupos, entre experiência e memória, promovendo as vivências e a escravidão. *"Quanto maior for a parte do choc em cada impressão isolada; quanto mais a consciência tiver de estar continuamente alerta no interesse da defesa contra os estímulos [...], e quanto menos eles penetrarem na experiência, tanto mais corresponderão ao conceito de vivência"* (Benjamin, 1983b, p. 40).

Retornemos, então, à escola, esse espaço de produção e transmissão de memória. Pensemos nos professores, em sua formação, em sua atuação. Sujeitos que tiveram, progressivamente, a experiência atrofiada, a narrativa silenciada. Mudanças sociais, perda de sentido, descrença no papel da educação escolar, desvalorização da profissão, desencanto, insegurança, desajustamento caracterizam o que Esteve (1995) denomina "mal-estar docente". Para onde foi o professor?

São questões complexas que, a nosso ver, mereceriam abordagem multidisciplinar. Vamos dedicar-nos à análise do processo de desvalorização da narrativa e experiência docente para, finalmente, chegarmos à questão do registro e das possibilidades nele encerradas.

Souza (2000), ao discutir a relação entre escola e memória e suas implicações na formação de professores, identifica o silenciamento da experiência docente com o surgimento da concepção de educação como ciência aplicada e com a redução do papel do professor a executor de prescrições metodológicas. A ciência foi apontada como único saber legítimo, o que promoveu a desqualificação dos saberes construídos pelos educadores. Em decorrência, assistimos ao silenciamento dos professores e à separação entre teoria e prática. *"As descobertas chamadas 'científicas', no fundo meramente técnicas, atropelaram a experiência de escolas, a história de alunos e de professores"* (Souza, 2000, p. 17).

A noção de progresso invade a escola. Práticas tradicionais recebem o rótulo de "atrasadas", devendo ser banidas em proveito de propostas "modernas" e inovadoras que não levam em conta a experiência docente, tida como "não científica" e, portanto, irrelevante.

À desqualificação da experiência podemos relacionar ainda o movimento de feminização do magistério. Catani et al. (1997)

consideram o processo fruto de uma escolha política intencional, tendo em vista o barateamento dos gastos com a educação. A entrada da mulher no magistério foi acompanhada pelo discurso da vocação, do trabalho docente como doação, compromisso, extensão do cuidado dispensado ao lar. A simplificação da cultura transmitida na formação inicial contribuía para reforçar a submissão e a heteronomia dessa personagem. Não há espaço para a experiência; não há espaço para a fala da professora.

> *E foi assim que as professoras, não tendo se tornado, como o viajante emblemático de Benjamin, sábias pela incorporação de vivências de muitas vidas e pela ciência de muitas experiências, tiveram sua fala cortada em toda sua extensão [...]. Não se tolera, ainda mais na linguagem escrita, que uma professora se coloque, em relação ao conhecimento, como partícipe ou personagem. A professora apenas ensina, e ao fazê-lo, retira o seu próprio ser para o reinado das sombras* (Souza, 2000, p. 29).

Finalmente chega o tempo em que a instituição escolar é posta à prova por não cumprir sua função social. A ciência, que havia substituído a experiência docente e racionalizado o trabalho do professor, tem sua eficácia questionada. Percebe-se a distância entre prescrições metodológicas e prática pedagógica, o que possibilita a constatação da impossibilidade de aplicação imediata das primeiras.

Tendo permanecido ao longo da história da educação brasileira no anonimato, surgem mais recentemente tentativas de recuperação da memória desse professor, de *"realocação do sujeito no centro das interpretações das ciências humanas"* (Catani et al., 1997, p. 20). É nesse processo que situamos o registro de práticas docentes.

4.3. Registro de práticas e recuperação da autoria

No imaginário social, são as professoras que não têm história porque repetem, repetem cursos, programas, conhecimentos, práticas, dia a dia, ano a ano, durante as décadas de sua carreira profissional. Objeto de memória de alguns alunos que delineiam a figura de quem os iniciou nos primeiros passos da carreira em que se tornaram célebres, tanto quanto suas mestras obscuras, as mulheres professoras não são, em geral, objeto de memória. Talvez alguma coisa se deva à oposição, apontada por Monique de Saint-Martin, no início do século, entre ser escritora e ser professora. Talvez a benevolência social com que lhes foi aberta a carreira intelectual pagasse tributo ao fato das professoras, ao contrário das escritoras, no caminho da obscuridade, do anonimato, terem feito voto de silêncio sobre si.

MARIA CECÍLIA CORTEZ CHRISTIANO DE SOUZA

O que presenciamos na atualidade em nossas escolas tem raízes históricas. A desvalorização dos saberes docentes em proveito de uma exaltação dos conhecimentos produzidos pelos teóricos, pesquisadores ou cientistas – gerando uma perda de sentido em relação à atuação e à identidade, que, a cada nova proposta, devem assumir rumos distintos –, reflete a inexistência de memória da experiência docente, como se se tratasse de elemento efêmero, passageiro, desprovido de valor. Cabe recuperar alguns antecedentes e propor formas de alteração dessa realidade.

De acordo com Souza (1999), a introdução dos saberes da Psicologia na escola, à época republicana, produziu importantes alterações não apenas no modo de conceber os alunos, mas, sobretudo, nas práticas pedagógicas desenvolvidas. Para compreender melhor esse processo – e sua relação com a questão da memória e da formação –, cabe breve explanação sobre a escola brasileira desse período.

O regime republicano, marcado pelo ideário positivista e pelo esforço de europeização da cultura brasileira, encarregou-se de lançar esforços no sentido de banir da memória o passado, concebido como algo retrógrado e atrasado. A negação da história pelo cientificismo e pela centralização no ideal de progresso apontava para a necessidade de apagar do passado eventos tidos como "negativos", tais como a escravidão. A abolição da escravatura instaurou a problemática da integração de seus egressos à sociedade, num contexto em que os negros eram considerados inferiores e limitados. As relações escravistas acabaram por contaminar as relações de classe; o que se restringia ao âmbito escravo-senhor passava então a instaurar-se na interação elite-massa, de onde surgiu a necessidade de embranquecimento da população e de europeização da cultura nacional – estratégias capazes de garantir a "evolução" do país, o progresso, a construção de nova identidade nacional, moderna e avançada. À escola cabia a preparação de mão de obra e a "desbestialização" dessa grande massa, conferindo alguma civilidade ao povo.

A aprendizagem do ofício docente pautava-se, sobretudo, na tradição: práticas e saberes eram transmitidos de geração em geração, em um processo em que professoras serviam de modelo a outras, indicando procedimentos e sugerindo estratégias. A experiência encarregava-se de formar essas professoras, assegurando espaços favoráveis à construção de saberes nascidos na situação e, por essa razão, dificilmente descontextualizáveis. A introdução da psicologia no âmbito escolar, além de legitimar a exclusão de indivíduos tidos como incapazes ou problemáticos – garantindo explicações científicas a seus supostos distúrbios ou desvios –, foi responsável pela criação e disseminação de métodos mais adequados ao desenvolvimento da criança e à sua aprendizagem. Os saberes da ciência – portanto, mais objetivos e eficazes – substituíram a experiência docente, concebida como "saber inferior". As técnicas apareciam no cenário escolar como garantia de sucesso, eliminando, então, a práxis; configurava-se, no cenário educacional, o emudecimento da prática docente. O saber tornava-se exterior ao próprio ofício, advindo das ciências, das teorias e das técnicas delas decorrentes, e ao professor cabia sua aplicação.

Esse movimento faz-se presente ainda nos dias atuais, quando assistimos à adoção de uma enxurrada de teorias "inovadoras" e, em seguida, seu banimento nas escolas, levando os professores a construir e reconstruir práticas em função de paradigmas emergentes, em um movimento constante. A lacuna que separa a universidade (e, portanto, a produção de saberes legítimos) e a escola (restrita a uma práxis vista como pouco significativa) suscita a reflexão acerca do saber docente e de sua relevância e particularidade. A perda de memória da escola em relação a essas experiências cotidianamente construídas pelos professores conduz-nos por certo à questão do registro como possibilidade de manutenção dessa história e de organização desses saberes nascidos da reflexão sobre a prática, conferindo-lhes algum estatuto. O ofício docente não se resume à aplicação de técnicas e procedimentos; ao contrário, apresenta-se marcado pela improvisação e por enorme contingente de questões, problemas e dilemas a ser enfrentados. A transposição da teoria para a prática demanda um esforço de interpretação, de diagnóstico e de elaboração de metodologias, encerrando grande complexidade – daí a necessidade de uma formação permanente e em serviço capaz de garantir espaço à reflexão e ao aprimoramento da prática. A narrativa, a reconstrução do saber docente, possibilita a troca de experiências, a organização de reflexões, a produção de um conhecimento a ser difundido. Por que os professores não podem produzir saberes legítimos? Por que não divulgar experiências nascidas da prática, da reflexão sobre a teoria, da transposição dos saberes da ciência para a prática?

Registrar a própria prática é atribuir valor à experiência docente, à práxis; é conferir-lhe significado, importância, resgatando até mesmo a autoestima do educador, sua identidade profissional. Registrar é produzir memória, memória das práticas escolares, e construir história é ser sujeito, participar ativamente da sociedade, deixar uma herança às gerações futuras. Novas propostas não são construídas do nada, relegando o passado e apagando da mente dos educadores suas práticas e teorias, pois nesse caso acabam por não refletir situações concretas e reais, permanecendo apenas em nível discursivo ou hipotético. Valorizar o professor, ressignificar a experiência docente, percebendo-a como portadora de saberes; compartilhá-los, construindo assim novos conhecimentos: eis o papel do registro docente.

Por intermédio da narrativa, o professor constrói sua própria teoria com base na reflexão sobre a prática e na atribuição de sentido às suas ações. Nesse momento processa-se a integração entre esferas que, durante longo período da história da educação brasileira, permaneceram polarizadas: teoria e prática, concepção e execução, planejamento e atuação. No processo de análise de sua ação pedagógica, o professor dirige-se à teoria, nela buscando fundamentos que justifiquem sua forma de pensar e agir. Ele torna-se protagonista de sua ação, autor de sua prática, portador de saberes e fazeres que se expressam em sua atuação. A reprodução cede espaço à *criação*.

Qualquer prática de produção de registros no cotidiano da escola deve reconhecer a validade desse instrumento na construção de memória e na valorização da experiência docente. Perceber o significado do registro nesse processo de recuperação da identidade do professor e da instituição escolar e suas implicações nas representações que os professores têm de si e que a sociedade tem da escola parece-nos elemento central a ser considerado. Partindo dessa compreensão, as práticas de registro podem corresponder a verdadeiras experiências, carregadas de significado para seus protagonistas, e não apenas a uma tarefa burocrática.

Buscamos não a valorização exclusiva da prática docente, mas, sim, a *percepção da experiência como espaço de produção de saberes*. Não saberes pautados no "bom senso" apenas, mas saberes que possuem fundamento, embasamento – uma teoria subjacente às ações. Daí a importância dos conhecimentos produzidos por pesquisadores, saberes que podem auxiliar o trabalho docente, lançando elementos para reflexão. À luz da prática, esses conhecimentos são reconstruídos, ganhando novos significados e sentidos, fazendo emergir novos saberes. Por isso insistimos na necessidade de valorização da experiência docente e de criação de momentos para estudo, leitura e reflexão, espaço de elaboração, reconstrução e produção de conhecimentos.

* * *

No contexto de valorização do professor no processo de formação, e de reconhecimento das especificidades dos saberes nascidos na experiência e com base nela, o relato de práticas é apresentado como instrumento favorável ao desenvolvimento profissional. É por meio do contato com a complexidade do trabalho pedagógico que o professor elabora experiências, reconstrói teorias à luz da prática. E nesse movimento produz um saber, um conhecimento nascido do processo reflexivo instaurado pela situação problemática que lhe é apresentada. Trata-se de saber que não está em livros ou tratados pedagógicos, mas é próprio da situação e passível de ser compartilhado por meio da narrativa.

Com base nessas reflexões sobre memória e educação, podemos perceber o registro de práticas em nova perspectiva, como possibilidade de recuperação da experiência docente e, especialmente, da narrativa. O registro, além de favorecer a reflexão, a atribuição de sentido aos acontecimentos e, desse modo, a construção de experiências e a formação, apresenta-se ainda como espaço para a fala silenciada do professor, tornando-o sujeito de sua ação.

Romper a aceleração da rotina, parar para sentir, para olhar, para pensar, atribuir sentido aos acontecimentos – eis o registro docente, a narrativa como forma de pensamento. Instaura-se espaço e tempo dedicados à fala do professor, à experiência docente, à produção de uma história. Memórias de si, memórias de práticas, memórias de um grupo, de um professor, de uma época. O conhecimento produzido na prática, decorrente da experiência, tem a possibilidade de ser compartilhado, adquirindo então algum estatuto e legitimidade.

Quando propomos a recuperação da experiência do professor e da narrativa perdida, pensamos na incorporação ou no aperfeiçoamento de práticas de registro nas escolas em um processo de formação em serviço. Pensamos na construção de um universo de estudo, pesquisa e reflexão no interior da escola, mobilizando os professores na produção de saberes com base no registro de suas práticas. Pensamos ainda no resgate da autoestima docente por intermédio da valorização de seu ofício. Pensamos na socialização dessas produções entre professores de uma equipe, entre equipes, entre escola e universidade, ampliando o círculo de divulgação. Sonho? Utopia?

Certamente encontraremos obstáculos; será preciso vencer dificuldades. É mister garantir, na escola, espaço e tempo destinados à produção e à socialização desses registros, incorporando tal prática ao processo de formação em serviço. Faz-se necessária ainda a existência de uma coordenação consciente, capaz de engendrar interação, prestar auxílio, acompanhar o professor em seu processo de formação – verdadeira parceria. Destacamos também a importância de mobilizar os professores, incentivando a produção de narrativas e, acima de tudo, a percepção do registro como escrita de sua história, produção de saber, saída da obscuridade.

Registrar é construir memória, sobreviver ao tempo, *"fazer alguma coisa perdurar na recordação"* (Arendt, 1997, p. 74). Assim como os antigos gregos buscavam imortalizar seus feitos, obras e palavras pela recordação, concretizada na poesia, nós, professores, podemos – ou devemos – considerar nossas experiências dignas de rememoração e, portanto, suficientemente legítimas para serem narradas, compartilhadas, divulgadas.

* * *

Neste capítulo analisamos as relações entre registro e memória, enfatizando a importância da recuperação da narrativa para a construção de história, de autoria, de uma profissionalidade. Passaremos, no capítulo seguinte, à análise de registros de práticas pedagógicas, procurando identificar elementos indicadores de suas possibilidades formativas.

Capítulo III

O REGISTRO DE PRÁTICAS PEDAGÓGICAS PRODUZIDO POR PROFESSORES

O registro de práticas pedagógicas produzido por professores

O universo escolar é povoado de memórias e histórias; são fotos, objetos escritos que possibilitam a construção de uma narrativa e a aproximação a outros espaços, tempos e sujeitos. Esses elementos contam-nos a história do cotidiano, diferenciando-se da história oficial e agregando a ela o particular, o singular, o pessoal. Revelam práticas, pensamentos, pessoas.
Nas palavras de Mignot e Cunha (2003, p. 9):

> *Recantos desativados das escolas e gavetas esquecidas de muitos armários de professores e professoras guardam registros do cotidiano escolar como arquivos pessoais, cartas, autobiografias, memoriais, diários de classe, fichas de avaliação, cadernos de atividades, relatórios pedagógicos ou burocráticos. A quantidade e a diversidade de documentos evidenciam que os profissionais da educação não se limitam a ensinar a ler e a escrever. São produtores de textos que projetam sonhos, expressam dificuldades, eternizam práticas, inscrevem o banal, o singular, o repetitivo, o espetacular da sala de aula.*

Identificamos o professor como *bricoleur*: são cadernos, planos de aula, desenhos, bilhetes, apontamentos de reuniões, observações sobre as crianças, textos, indicações de livros e sugestões de atividades que compõem o "arquivo" ao qual o professor recorre para realizar seu trabalho. Assim como o *bricoleur* francês, o trabalho docente é como que artesanal, minucioso, particular, exigindo sensibilidade, cuidado, dedicação no "juntar as peças". Para compor sua aula, o professor busca

Acreditamos que todo professor tem, em sua casa ou na instituição em que trabalha, grande quantidade de material que vai coletando ao longo de sua trajetória e utilizando em seu trabalho diário. Livros, atividades, músicas, jogos, reportagens, textos, recortes, registros compõem uma espécie de arquivo pessoal ou ateliê do professor. É interessante notar que continuamos professores mesmo fora da escola: basta vermos algo interessante, como um jogo, um livro ou mesmo um folheto de propaganda, que agregamos esses novos materiais a nosso arquivo. É o professor *bricoleur*, coletando materiais, articulando pequenos elementos encontrados em seu cotidiano.

Perrenoud (1993) define o processo de planejamento de atividades na pedagogia ativa como *bricolage* por caracterizar-se por um movimento de criação, construção e reinvenção de propostas e materiais.

Documento em que o professor registra frequência dos alunos, dias letivos, reuniões, comemorações, resumo das atividades diárias, etc.

aqui e ali elementos – um poema, uma história, uma música, um jogo, uma brincadeira –, encaixando-os, costurando-os, criando situações novas a fim de formar um todo harmônico – seu plano. São objetos, recordações, bilhetes, imagens e escritos que vai acumulando, compondo seu arquivo pessoal que é também sua memória, sua história. Os registros ainda expressam a bricolagem concretizada no processo de criação, planejamento, construção de práticas e manutenção de memória.

O objetivo do presente capítulo é *buscar uma aproximação aos registros produzidos por professores no contexto da Educação Infantil e compreender seu papel na formação, no desenvolvimento profissional e na melhoria da qualidade da ação docente. Procuraremos ainda evidenciar as possibilidades encerradas na produção de registros, a fim de revelar a importância desse instrumento para o trabalho docente.*

Podemos identificar diferentes tipos de registro produzidos pelos professores, apontamentos que assumem também diferentes funções no trabalho pedagógico. Ao lado d*e registros formais*, como diário de classe, ata de reunião, livro de registro de trabalho coletivo, entre outros, existem formas de registro capazes de conferir maior liberdade ao professor, possibilitando que sua prática venha à tona e seja transformada em objeto de reflexão e de estudo. Nesse sentido, o propósito é analisar essas outras formas de registro, entre as quais *planos, registros diários e portfólios*. Para tanto, retomo meus próprios registros produzidos como professora de Educação Infantil no período de 2000 a 2003, quando atuava com crianças de 5 e 6 anos de idade, buscando identificar elementos presentes nesses materiais. A *validade* dos materiais relaciona-se ao fato de que as narrativas, apesar de particulares, são em grande medida referenciais, porque muitos leitores podem reconhecer-se nas situações. Além disso, a análise não é centrada nas narrativas mesmas, mas apoia-se nelas para discutir o tema do livro, que é o registro de práticas. Por meio da análise dos materiais em questão, particulares, autobiográficos, poderemos entender as possibilidades e os limites encerrados no registro de práticas.

Centraremos as considerações nos *cadernos de registro diário e nos portfólios*, documentos por mim produzidos em *contextos* distintos. Os materiais datados dos anos de 2000 a 2002 correspondem ao contexto do Serviço Social da Indústria (Sesi), respondendo a uma exigência da instituição. Os diários eram lidos com certa frequência e regularidade pela coordenadora, e uma cópia dos portfólios de projetos ficava na escola. Por vezes discutíamos em reuniões pedagógicas o tema "registro", tido como elemento inerente à prática. Os registros eram produzidos em casa, pois não contávamos na escola com horário de trabalho coletivo. Essas produções eram, de certa forma, valorizadas, já que o registro diário era considerado parte do ofício docente, elemento essencial ao trabalho do professor. Não havia possibilidade de assessoria mais direta por parte do coordenador em relação à leitura dos registros; algumas vezes havia algum comentário no fim do relato, mas infelizmente as condições institucionais impediam a existência de horário para conversa individual do professor com a coordenação.

Os cadernos e portfólio de 2003 foram produzidos no contexto de uma escola municipal de Educação Infantil e não respondiam a uma exigência da instituição. Esse contexto era marcado pela heterogeneidade do trabalho desenvolvido pelos professores, mas também por uma coordenação parceira em relação a mim e a meu trabalho, com condições de manter reuniões semanais comigo em horário remunerado. De início não havia leitor para os registros, já que os produzia por considerar sua importância para meu trabalho como professora, não sendo uma exigência institucional; eventualmente a coordenadora lia esses materiais a fim de auxiliar o processo de reflexão, planejamento e avaliação.

Por certo os contextos trazem implicações ao registro, representando possibilidades e limitações: a obrigatoriedade da produção de relatos diários tornava-se, para alguns professores, tarefa burocrática e sem sentido. Por outro lado, a desconsideração da importância do registro certamente impede a concretização de práticas dessa natureza; os professores não registram porque não conhecem esse instrumento, porque escrever é difícil, porque registrar sozinho demanda esforço para lidar com o isolamento, quando a proposta não integra o projeto político-pedagógico institucional. Nesse sentido, *as possibilidades e as limitações do registro de práticas dependem, em grande parte, do modo pelo qual esse registro é utilizado/valorizado/reconhecido no contexto:* se é utilizado como forma de controle da ação do professor ou apenas responde a uma exigência burocrática, decerto a proposta não produzirá todos os benefícios de que estamos falando. Se, por outro lado, os professores percebem a importância do registro, se há verdadeira interlocução com base neles, pautada em uma relação de parceria e colaboração, se os registros são valorizados a ponto de serem divulgados para a comunidade, por exemplo, sem dúvida o significado do registro para o professor e para a escola será diferente.

Alguns procedimentos fizeram parte do processo de análise dos materiais: iniciando com a leitura, identificamos nos relatos seu conteúdo e então elaboramos algumas categorias. O uso de marcadores de papel facilitou o processo, auxiliando-nos na visualização dos diferentes elementos do registro e de possíveis excertos a ser incluídos no relato como forma de demonstração. Concomitantemente a esse processo de seleção de trechos, produzimos anotações sobre o registro analisado (considerando diferentes aspectos explícitos ou não nos relatos), as quais se revelaram muito úteis na constituição de uma visão geral sobre cada um dos materiais. As categorias não foram dadas *a priori*, mas foram sendo construídas durante o processo de leitura e produção de apontamentos.

Passemos, então, à análise dos materiais.

1. Cadernos de registro diário

Detenhamo-nos, a princípio, nos *cadernos de registro diário*, materiais extremamente ricos, capazes de retratar a prática pedagógica desenvolvida pelo professor e a história de um grupo. São, ao todo, seis cadernos, um para cada semestre letivo. Os cadernos *(denominados semanários, registros ou registros diários)* correspondem a uma coletânea de apontamentos e relatos, *planos e registros diários*, que retratam atividades desenvolvidas, objetivos propostos, narrativas de aula, observações sobre as crianças, encaminhamentos construídos ao longo do ano. São, pois, a memória de um ano letivo, de uma turma, da atividade de um professor, de uma escola; são a identidade do mestre, revelando concepções, dilemas, dificuldades, intervenções, crenças, reflexões, expondo seu modo de ser e estar na profissão, sua profissionalidade. Neles aparecem as atividades, os educandos, o professor, o movimento vivenciado pelo grupo na construção do conhecimento, o processo de ensinar, de aprender e de aprender enquanto se ensina. Lendo os relatos, podemos reviver situações, acontecimentos, falas e gestos trazidos à lembrança por meio do registro, momentos selecionados entre outros e interpretados à luz do presente.

Iniciemos pelos planos de ensino, entendidos como *"registro inicial de intenções, que inclui explicitação de objetivos, conteúdos, expectativas de aprendizagem, etapas previstas de uma sequência didática, formas de avaliação"* (Lopes, 2003, p. 47), e considerados instrumentos imprescindíveis à ação pedagógica intencional e planejada que visa ao desenvolvimento do educando. Nos cadernos analisados, encontramos planos organizados semanalmente (2001), quinzenalmente (2002) ou mensalmente (2003), registros de descrição de objetivos, conteúdos e orientações metodológicas sistematizados nas seguintes *modalidades organizativas*: atividades permanentes, atividades sequenciadas, projetos e atividades ocasionais ou independentes. Ao final, são apresentadas as atividades organizadas diariamente, o que traduz a sistematização de cada uma das aulas:

> Forma de organização proposta pela rede Sesi para a elaboração dos planos e incorporada em minha prática mesmo após afastar-me da rede. As modalidades organizativas, a meu ver, facilitam a percepção dos diferentes movimentos de aprendizagem em um grupo e favorecem, assim, a sistematização das diferentes intenções e propostas, tendo em vista a qualidade da ação educativa. Por *atividades permanentes* entendemos as propostas realizadas com certa frequência e, portanto, integrantes da rotina do grupo, tais como roda de conversa, lanche, parque, brincadeiras dirigidas, laboratório de informática, biblioteca, leitura de histórias, entre outras. As *atividades sequenciadas* correspondem às que obedecem a uma sequência de realização e oferecem desafios com graus diferentes de complexidade, a fim de atender às dificuldades dos alunos e aprendizagens específicas. As *atividades independentes/ocasionais* correspondem a atividades pontuais que não apresentam relação com projetos ou atividades sequenciadas em andamento (cf. documento trabalhado em reunião pedagógica em 29 de maio de 2000).

Planejamento - Agosto

A) Atividades Permanentes

Matemática (Contagem do número de alunos, calendário).

1. Realizar contagem do tempo cronológico por meio de calendário, percebendo a sequência temporal e identificando dias da semana e marcação de eventos importantes.
2. Realizar contagem oral, recitando a sequência numérica na contagem de alunos presentes.

Linguagem Oral e Escrita

1. Utilizar a linguagem oral em situações comunicativas que requeiram conversar em grupo, expressando sentimentos e opiniões em relatos de acontecimentos e histórias para ampliação, enriquecimento do vocabulário e fluência verbal.
2. Ouvir a leitura de textos pelo professor, entrando em contato com diferentes gêneros, autores e títulos de qualidade literária.

Identidade e Autonomia

1. Fazer uso de procedimentos relacionados à alimentação, à higiene e à escovação. Adotar atitudes favoráveis à convivência e à interação, tais como diálogo, cooperação e respeito.
2. Situar-se na rotina da sala, conhecendo antecipadamente a sequência dos acontecimentos, adquirindo maior independência e senso de responsabilidade.
3. Estimular a adoção de atitudes favoráveis à preservação dos espaços da escola, tais como participação ativa em situações de organização da sala, cuidado e organização com materiais e brinquedos, economia de água e energia.

Cultura Corporal

1. Reconhecer progressivamente os segmentos do corpo por meio de brincadeiras e jogos, tendo em vista a aquisição de consciência corporal.
2. Participar de jogos e brincadeiras que favoreçam aprendizagens sociais como respeito às regras, cooperação, socialização, esforço e empenho.
3. Ampliar o universo de jogos e brincadeiras conhecidas.

Brincadeiras: Cobrinha, Coelhinho, sai da toca!, Circuito.

B) Atividades Sequenciadas

I. Linguagem Oral e Escrita

1. Produzir escrita espontânea, adquirindo maior segurança e autonomia nesse tipo de atividade e iniciando o processo de percepção de fonemas a serem grafados.
2. Utilizar procedimentos de leitura para identificar palavras escritas, pautando-se em indícios do texto escrito (letra inicial e final).
3. Produzir textos em grupo, tendo o professor como escriba.

Atividades
    a. Produção de pequenos textos e listas.
    b. Ligar o nome à figura.
    c. Produzir história coletivamente, ditando-a à professora.

II. Matemática

1. Realizar contagem oral.
2. Adquirir alguns procedimentos necessários aos jogos propostos.
3. Recitar a sequência numérica.
4. Identificar e grafar signos numéricos.

Atividades
    a. Jogo do Cubra com um dado.
    b. Bingo de números.
    c. Completar quadro numérico.

III. Folclore

1. Ampliar os conhecimentos sobre o tema.
2. Conhecer algumas lendas, trava-línguas e adivinhas.
3. Produzir escrita espontânea para responder às adivinhas.

Atividades
   a. Produção de livro de adivinhas (leitura da adivinha e escrita da resposta). Uma adivinha por dia e montagem do livro.
   b. Escuta de lendas: livro *Mitos - o folclore do mestre André*, Marcelo Xavier.

C) Projeto Bichos do Jardim

1. Favorecer a experimentação de diferentes materiais para a construção de borboletas.
2. Ampliar o repertório imagético das crianças por meio do contato com obras de Monet.
3. Estimular a reflexão sobre as obras e a própria expressão.

Atividades
   a. Produção de representações de borboleta, utilizando materiais diversificados: garrafa PET, rolo de papel higiênico.
   b. Painel coletivo: jardim. Etapas:

1. Obra: *A ponte japonesa de pedestres*. Observação e conversa: como é o jardim da casa de Monet? O que há nele? Como foi pintado? Apresentação da imagem (foto) do local e de alguns elementos da biografia do pintor. Releitura da obra: guache sobre cartolina.
2. *Campo de papoulas em Argenteuil*. Produção de seu próprio jardim (guache sobre cartolina).
3. O jardim da escola: observação na área externa e desenho (giz de cera sobre sulfite).
4. Painel (em etapas). Divisão de tarefas pelas crianças:
   a. pintura do fundo;
   b. pintura do segundo plano (árvores, nuvens, sol, flores, folhas... - elementos a decidir com o grupo)
   c. colagem dos bichos.

Atividades

28/7, segunda-feira
Conversa: férias.
Almoço.
História: As férias da bruxa Honilda.
Desenho da história.
Escovação/desenho de borboletas e tatus para capa do livro.
Área externa: circuito (cobrinha e bambolês).
Tanque de Areia.

> **29/7, terça-feira**
> História: *A bela borboleta*, Ziraldo.
> Almoço.
> Borboleta com rolo de papel higiênico.
> Música do soninho e escovação.
> Área externa: Vivo-Morto e Corre, cotia.
> Campo.
>
> **30/7, quarta-feira**
> História: *Nicoleta e as borboletas*.
> Almoço.
> Música do soninho e escovação.
> Produção de texto coletivo para a história em grupos de dez crianças (divisão da turma: lousa, casinha, texto).
> Tanque de Areia.
>
> *(Caderno de registros – 2003)*

Esse tipo de registro parece-nos elemento imprescindível à ação pedagógica de boa qualidade, auxiliando o professor na organização de encaminhamentos necessários à concretização das metas previstas. O educador encontra, na elaboração de seus planos de ensino (sejam eles semanais, mensais, semestrais), oportunidade de refletir sobre seus educandos, suas características, suas necessidades em relação a objetivos e intenções perseguidas, o que possibilita melhor organização de sua atuação e, com isso, a aprendizagem.

Os planos são precedidos por relatos que denominaremos *registros diários*, apontamentos em que o professor relata seu dia, refletindo sobre acontecimentos, atividades, alunos e sobre a própria atuação. Trata-se de espaço de investigação, questionamento, introspecção, comunicação e autoria do processo pedagógico. "Diários" porque escritos diariamente após a ação, como um momento de introspecção e avaliação.

Quanto à *forma*, os registros diários analisados foram produzidos em *narrativas* em que *descrição e análise* se fazem presentes, análise que caminha em dois sentidos: primeiramente, em direção ao *passado*, para a *compreensão do fenômeno*; em segundo lugar, para a elaboração de *encaminhamentos*, em direção ao *futuro*. Por sua vez, a *observação* tem no registro a possibilidade de ser aprimorada, meditada, sistematizada; o registro tem início, portanto, na *leitura* que o professor faz da realidade.

Quanto ao *conteúdo*, podemos destacar alguns elementos presentes nos registros diários em questão, relacionando-os abaixo seguidos de exemplo:

- **Referência ao desenvolvimento do grupo**

A turma tem reconhecido com facilidade os nomes dos colegas em brincadeiras como, por exemplo, jogo da forca. São capazes de, apenas sabendo o número de letras do nome, ou sua letra inicial, identificar a criança sorteada. (12/2/2001)

- **Referência a crianças de forma particular**

A Danielli pareceu-me mais segura e extrovertida hoje; falou na roda, brincou com colegas e ensinou-os a jogar *Cara a Cara* (e sentiu-se útil por ter recebido essa tarefa), entregou-me uma cartinha feita em sua casa com corações, etc. Parece-me que há um vínculo comigo e, por intermédio dele, tem ampliado seus vínculos com colegas, o que é muito positivo. (14/2/2002)

- **Referência às atividades**

Coloquei preço em produtos (5, 4, 3, 2 e 1 real), com o símbolo convencional (R$ 1,00). Na sala, pendurei notas de 1 e 5 reais na lousa e chamei algumas crianças, pedindo que escolhessem o produto e mostrassem como pagar. Foram à frente Wallace, Mael, Pedro, Alisson e Lucas. Ia escrevendo na lousa nome e preço e as crianças pegando as notas e colando. (14/10/2003)

Selecionando um trecho de registro diário, podemos identificar a coexistência desses diferentes elementos na narrativa em que *constatação, descrição, análise, levantamento de hipóteses e indicação de novos encaminhamentos* se fazem presentes:

Na terça-feira a roda de conversa foi bastante interessante; os alunos permaneceram atentos e participaram da roda. A partir de uma reportagem sobre raios conversamos sobre o tema, chegando a curiosidades sobre o arco-íris, vulcões, furacão. [...]	Referência à atividade
Na amarelinha foi interessante observar a forma de organização dos alunos: as meninas formaram um único grupo, brincando todas juntas; os meninos dividiram-se em dois grupos, como ocorre nas brincadeiras do parque. A separação entre meninos e meninas é bastante evidente, caracterizando a própria faixa etária à qual as crianças pertencem. No registro da brincadeira a maioria das crianças escreveu silabicamente, muitas delas utilizando as letras presentes na palavra.	Referência ao grupo
O Paulo e o Matheus realizaram a atividade demonstrando atenção e empenho, mas possuem ainda dificuldade quanto à coordenação motora e organização espacial. Apesar disso, percebo evolução em relação ao ano anterior: os desenhos adquiriram formas, deixando de ser garatujas; escrevem o nome, a data, reconhecem letras [...]. (13/2/2001)	Referência a crianças específicas

Vale ressaltar que, na maioria dos relatos, os três elementos apresentam-se integrados: a narrativa de uma atividade traz consigo referências ao grupo e a algumas crianças em particular, e as considerações tecidas sobre uma criança são construídas tomando por base uma atividade, um aspecto da rotina ou do grupo.

Podemos identificar ainda outros elementos presentes nos registros, relacionados mais especificamente ao *professor*, tomado neste momento como referência:

> Optei por especificar o elemento preponderante de cada trecho, subdividindo o relato a fim de indicar as categorias. É claro que, ao fazermos referência ao grupo, por exemplo, também indicamos, de certa forma, a atividade.

- **Intervenções e problematizações propostas**

A roda de conversa da terça-feira foi motivada pela pesquisa dos alunos sobre o carnaval. Fizemos uma lista, escrevendo o que há no carnaval: as crianças diziam-me como escrever cada palavra - especialmente os alunos silábico-alfabéticos, provocando um conflito no grupo. O Gabriel, contando as sílabas da palavra nos dedos, concluiu que "música" possui três letras, e não seis, como havia sido escrito. Outras crianças concordaram. Questionei o grupo e a Bárbara explicou que, para cada "letra" (sílaba) que contava, eram escritas duas letras (sinais gráficos), explicando lendo a palavra e apontando com dois dedos (em duas letras) para cada sílaba. (20/2/2001)

- **Reflexões**

A atividade foi muito interessante e acredito que deva ocorrer mais vezes por estimular a interação e a construção conjunta do conhecimento, bem como a criação de conflito cognitivo ocasionado pelo confronto de opiniões divergentes, ou seja, de hipóteses diferentes sobre a escrita. (Idem, continuação do relato.)

- **Encaminhamentos a serem propostos**

Realizamos a atividade de amarelinha, e pude notar dificuldades em relação à grafia dos algarismos: grafia espelhada em grande parte das crianças e, no caso do Gabriel e da Vanessa, desconhecimento dos signos numéricos. A Gabriela e a Mariana apresentaram bom conhecimento nesse sentido e puderam orientar alguns colegas juntamente comigo. Apesar disso, é preciso retomar a questão em atividades permanentes (calendário, contagem e registro do número de alunos, etc.) e atividades sequenciadas com esse objetivo (trabalho com músicas e parlendas com numerais, pesquisa de informações numéricas em seu cotidiano, jogos, etc. (14/2/2002)

Encaminhamentos:

1. Organizar atividades intersalas. Parece que não há planejamento, intenção. É preciso organizar melhor (inclusive horários) para que seja mais produtivo. Sugestão: criar propostas interessantes e fazer com que todas as crianças passem por todas as atividades, não no mesmo dia, mas em dias diferentes. Tornar a atividade um projeto da escola. (26/4/2002)

Nos cantos, trouxe os super-heróis, que as crianças adoraram. É preciso rever os cantos, lançando novas propostas. Sugestões: dominó, jogo da memória, faz de conta. É preciso continuar com a pescaria e o registro, e também com a trilha. (26/3/2003)

• Expressão de sentimentos

Estou gostando muito de trabalhar com a fase VI; as crianças são muitíssimo curiosas e interessadas (especialmente no que se refere à escrita); fazem perguntas, percebem elementos, dizem informações que, muitas vezes, me surpreendem e, ao mesmo tempo, deixam-me muito satisfeita [...]. Tenho muitas ideias de atividades para realizar com o grupo, mas são muitas as demandas e o tempo é sempre insuficiente. É preciso, muitas vezes, optar, estabelecer prioridades, e espero que esteja fazendo as opções corretas. (23/4/2001)

• Dilemas, dificuldades

É um dilema! Escolhas, é preciso fazer escolhas, ir traçando um caminho, um percurso a seguir. Tenho procurado fazer o melhor e acho que tem dado resultado positivo. Na verdade, vivo em um constante repensar, movido por muitos dilemas: autoridade x liberdade, "alfabetização" x "não alfabetização na Educação Infantil", etc. Claro que um aspecto não exclui necessariamente o outro, mas por vezes sinto que caminho mais para um ponto e preciso retornar, equilibrar (como uma gangorra). Acho que é isso: a questão não é vencer, superar esses dilemas, mas encontrar um ponto de equilíbrio, e mantendo sempre o pensar/repensar reflexivos que auxiliam nesse movimento, indicando por onde seguir, o que ficou perdido, para trás, e deve ser retomado. (17/10/2003)

• Questionamentos

Em relação às atividades, às vezes me questiono: tenho realmente contribuído para a aprendizagem dessas crianças? (2/4/2003)

Será que estamos permanecendo muito tempo na sala? Como aproveitar melhor os espaços externos (como ontem, no bingo, no refeitório)? (12/8/2003)

Como construir uma relação professor-aluno harmônica, pautada no respeito que vem do reconhecimento da autoridade do professor e não do medo? Como ser autoridade sem ser autoritário? (25/8/2003)

• Reflexão sobre o registro

No horário de trabalho coletivo falamos sobre a importância da observação na Educação Infantil, e tenho notado que grande parte de meus registros incidem sobre as atividades, e não tanto sobre as crianças em particular [...]. (24/3/2003)

As *referências à escola* e a questões mais amplas que extrapolam a sala de aula aparecem apenas nos registros produzidos em 2003, apontamentos que apresentam, em relação aos demais, maior nível de problematização, questionamento e expressão de sentimentos:

> A situação é muito complicada. Não há um projeto comum que nos una; cada qual seguindo seus próprios pensamentos, com concepções por vezes antagônicas. Como conciliar esses diferentes pontos de vista em direção a um propósito comum? Como conseguir o DIÁLOGO - talvez seja esse o ponto. Parece que as pessoas se isolam em seus mundinhos, em suas salas de aula - único espaço em que podem exercer sua autonomia. Autonomia? Será que exercem ou apenas reproduzem modelos? Será que as pessoas têm noção de sua importância para essas crianças, para a sociedade? Precisamos nos fortalecer. E só poderemos nos tornar sujeitos quando nos unirmos, quando formos envolvidos pela aventura do conhecimento. O que fez com que essas pessoas se tornassem tão indiferentes à reflexão, à mudança, ao outro? Por que as relações interpessoais acabam por se tornar um verdadeiro jogo de forças? Estamos nos distanciando de nossas colegas... Como é difícil construir um grupo! (5/9/2003)

> Acho que as dificuldades enfrentadas com/no grupo se devem unicamente a um fator: à incapacidade de atendimento às reais necessidades dessas crianças. Penso que, muitas vezes, não sou capaz de atender efetivamente ao que necessitam - digo isso pensando nas crianças de período integral. Mas quais seriam suas necessidades? Muitas: sono, descanso, afeto, expressão artística, atividades diversificadas. [...] Mas o que fazer? Atuo como uma "professora de Educação Infantil", procuro trabalhar com as diferentes áreas do conhecimento, desenvolver projetos, uma rotina (bastante sobrecarregada por sinal). Quero que eles aprendam, desenvolvam-se integralmente, tenham acesso ao conhecimento. (17/11/2003)

Nos registros produzidos em 2003, são muitas as referências a conversas com a coordenadora pedagógica da escola e às reflexões delas decorrentes. Analisando comparativamente os registros produzidos nos três anos, podemos notar diferenças em termos de conteúdos e, portanto, de propósitos subjacentes à escrita. Nos registros diários de 2001 prevalece a narração/descrição/análise de elementos como grupo, alunos e atividades, sendo a *narrativa da rotina diária* – das atividades que a estruturam – a base sobre a qual a escrita se sustenta. Os diários de 2002 apresentam-se um pouco mais reflexivos, se assim podemos considerar; são bastante frequentes as referências a encaminhamentos possíveis, a transformações a ser operadas na prática pedagógica junto às crianças, tornando o registro o espaço de pensar a prática, fazendo-a e refazendo-a diariamente. Descrição, análise, reflexão, encaminhamento parecem constituir o eixo estruturador dos relatos produzidos nesse ano, fazendo que os registros se tornem mais detalhados e minuciosos. Os apontamentos produzidos em 2003, por sua vez, denotam maior liberdade de expressão; como não há leitor (diferentemente do que ocorre nos anos anteriores), as descrições tornam-se mais sucintas e dão lugar a questionamentos, dúvidas, ideias e pensamentos, escritos em uma linguagem mais informal. Nesses registros aparecem também referências a acontecimentos não estritamente relacionados à sala de aula e à escola, como participação em um evento ou leitura de um livro. Por outro lado, a inexistência de um ambiente em que o registro é considerado importante elemento para a prática, sendo estimulado e valorizado, certamente compromete a efetivação da proposta; do *registro como postura individual* é preciso caminhar em direção ao *registro como proposta da escola* ou, ao menos, de um grupo. Registrar apenas para si mesmo pode conferir ao professor-escritor maior liberdade de expressão, mas, simultaneamente, não garante a interação com pares e coordenação, tornando o processo formativo percurso individual e minimizando sua contribuição para a construção de uma cultura colaborativa e de um projeto comum de escola.

Com base no movimento percebido nos registros nesse período, podemos considerar que houve progressiva mudança da *descrição* para a *reflexão*, da *sala de aula* para a *escola* (apesar de serem ainda poucas as referências ao contexto mais amplo). O que possibilitou essa transformação? Talvez a própria prática sistemática do registro a tenha produzido, bem como a

Os registros produzidos nos anos 2001 e 2002 dirigiam-se à coordenadora da instituição, que procurava fazer a leitura dos cadernos sempre que possível. Os registros acabavam funcionando, então, como forma de comunicação entre professor e coordenador, dada a inexistência de tempo e lugar destinados a esse diálogo (havia reuniões pedagógicas bimestralmente, mas na maioria das vezes com pauta elaborada pelos órgãos centrais do sistema, restando pouco ou nenhum tempo à análise de questões mais específicas da escola e das diferentes turmas). Os registros, como "retratos" da sala de aula e do professor, de certa forma possibilitavam à coordenação o acompanhamento da ação educativa, mesmo que de forma parcial. A inexistência de espaços destinados ao diálogo e à interação entre pares certamente restringia as possibilidades formativas do registro.

progressiva construção de saberes inerentes à prática – favorecendo a alteração dos focos em que recaía a reflexão. Questões tidas como problemáticas em 2001 talvez já não o fossem em 2003, tornando possível o tratamento de outros novos enfoques. A temática Linguagem Oral e Escrita é muito presente nos registros de 2001, quando eram muitas as dúvidas e os dilemas nesse sentido. Por outro lado, em 2003, essas questões aparecem com menor frequência, graças à construção de um repertório bastante sólido no período anterior que permitiu que situações anteriormente problemáticas não mais o fossem.

Notamos ainda que o dilema referente à disciplina se mostrou frequente nos registros de 2003, diferentemente do que ocorreu nos anos anteriores. Vale esclarecer o contexto: como ingressante na rede municipal, última professora da escala para escolha de turma, trabalhei com um grupo de crianças, em período integral, em um ambiente institucional precário para o atendimento às necessidades específicas de crianças que permanecem oito horas na escola (por exemplo, necessidades de sono ou repouso). Além disso, havia dificuldade na elaboração de um projeto comum com a professora responsável pela turma no outro período, cujas concepções por vezes se mostravam bastante distantes das minhas, reforçando a sensação de isolamento. A escrita desses sentimentos contraditórios após um dia de trabalho auxiliava a reelaboração racional de conteúdos emocionais (Zabalza, 2004), funcionando como uma terapia, aliviando tensões e ajudando-me a pensar em possíveis formas de encaminhamento. A conversa com a coordenadora pedagógica e com as colegas do período no horário coletivo e a releitura dos escritos contribuíam para o redimensionamento da situação, possibilitando-me enxergar além do que havia percebido e registrado em um primeiro momento. Por meio do registro, o dilema foi sendo trabalhado e muitas propostas significativas foram realizadas com as crianças: Projeto Mercadinho, Projeto Bichos do Jardim, teatro *A noite no castelo*, passeio ao zoológico e produção do painel *A arca de Noé*, leitura de muitas histórias, realização de inúmeros jogos e brincadeiras, etc. Hoje percebo com maior clareza a riqueza do trabalho e as conquistas e aprendizagens das crianças ao longo do ano, bem como a importância do diário e do apoio da coordenação e das professoras do grupo no trabalho com o dilema em questão e, portanto, na formação permanente. Cabe lembrar que, em um contexto marcado pelo controle, talvez o dilema não viesse à tona, pois ele traz consigo a exposição do professor. A existência de verdadeira parceria e colaboração certamente possibilitou a expressão de dificuldades e sua consequente superação.

Nesse sentido, podemos recorrer ao conceito de *desenvolvimento profissional* na tentativa de compreender o fenômeno: por intermédio de estudo, reflexão e construção de experiências, o contato com a prática pedagógica foi possibilitando a constante reestruturação de uma profissionalidade, o que explicaria as mudanças percebidas nos registros e, por conseguinte, na atuação profissional. Outros elementos vieram à tona, o processo educativo começou a ser percebido de maneira mais ampla e abrangente, e o mesmo ocorreu com o papel do professor nesse processo. Certamente as possíveis explicações aqui aventadas representam o esforço de compreensão e busca de sentido; na verdade, consistem em hipóteses, e certamente foram diversas as variáveis responsáveis pelo fato em questão.

Professor, atividades, grupo, escola vêm à cena por meio dos registros. Além deles, as *crianças* também são personagens que aparecem nos relatos, conferindo vida à narrativa: sua voz também se faz presente.

> Entendemos por desenvolvimento profissional a articulação entre formação inicial, formação contínua e condições para a docência, processo de atribuição de sentido à experiência e de construção de saberes.

> Realizamos a atividade de integração entre salas, tendo como proposta o trabalho com Sebastião Salgado. Escolhi uma imagem de uma criança sem-terra na escola [...]. Falas das crianças:
> Evellyn - É uma menina.
> Daniel - Parece uma menina da fase VI, desta classe, a Nathalia.
> Júlia - Está triste. Não está com uma carinha muito alegre.
> William - Está muito doente porque ela é pobre.
> Eu - Onde ela está?
> Crianças - Na escola.
> Eu - Como sabem?
> Dian - Está escrevendo.
> Igor - Não tem comida.
> Eu - Li a legenda e perguntei o que são "sem terras".
> Daniel - Vi no *Jornal Nacional* que são pessoas pobres que não têm onde morar e tem pessoas que querem pegar como escravos e por isso eles fogem. (16/6/2002)

Seus sentimentos vêm integrar a narrativa, que é a história de um grupo, história de personagens reais. Os componentes relacional, emocional e afetivo do ensino são trazidos à tona:

> Hoje a Gabi chorou durante bastante tempo, afirmando ter saudades da mãe. Depois, conversando, disse-me a razão do choro: sua mãe nunca vem à escola buscá-la e o transporte escolar é muito demorado; ela é a última a chegar em casa. O Gustavo também se mostra preocupado na hora da saída, com medo de que o responsável pelo transporte o esqueça. Ao final do dia conversamos sobre a questão; muitas crianças contaram que só encontram os pais à noite, pois eles trabalham, mostrando-se preocupados em "aliviar" de alguma forma os sentimentos da colega. (20/3/2002)

Situações imprevistas, cenas do cotidiano também aparecem nesses registros, tornando explícita a singularidade e a beleza da ação docente, das crianças, da tarefa de educar. Ensinar e aprender como atividades relacionais, atividades humanas, e não apenas técnicas, marcadas pela racionalidade. Histórias de um grupo...

> No parque o Matheus encontrou uma libélula e prontamente comunicou a descoberta ao grupo. A Manu havia contado que, no dia anterior, havia uma libélula em sua casa, e explicou aos colegas que ela não pica, não faz mal algum às pessoas. Os alunos observaram-na atentamente, gritando quando ela se mexia. Em um dado momento, na preparação para subirmos para a sala, o Fê pisou na libélula, decepcionando a todos. As crianças repreenderam sua atitude - e eu também -, visto que não havia necessidade de fazer isso com o inseto. (19/3/2001)

A voz do *leitor* – a coordenação, no caso – faz-se presente em alguns poucos momentos, com comentários e intervenções ao fim dos registros:

> Amanda,
> Acredito que não tenha como você não fazer o projeto sobre raios, o grupo já interiorizou isso. Cabe a você conseguir dar funcionalidade ao projeto e problematizá-lo de forma significativa, compartilhando com o grupo.
> Tenho certeza que será muito legal!
> (24/3/2001)

> Amanda,
> O seu planejamento continua ótimo. Parabéns! Você já experimentou fazer a roda de conversa na área externa?
> (26/4/2001)

No relato podem ser observadas tomadas de decisão, ações, intervenções e reflexões do professor, algumas das quais relacionadas ao momento da ação, outras realizadas posteriormente, durante a escrita (o que chamamos de *encaminhamentos*). Nos registros, descrição, narração e reflexão tornam-se presentes, o que certamente faz deles um instrumento formativo.

Qual foi a importância desses registros em minha prática? Acredito que possibilitaram momentos de reflexão sistemática sobre o trabalho, percepção de faltas, elaboração de encaminhamentos. Percebemos nos registros não apenas a narração de fatos, mas também questionamentos, situações problemáticas que foram sendo trabalhadas e contribuíram para a *construção de uma profissionalidade*, apoiada também em leituras, estudos, diálogo. Os registros eram essenciais à prática; por meio deles era possível prever uma ação, planejar, replanejar, avaliar, construindo então o processo, a ação. Podemos afirmar que contribuíram para a formação em serviço, além de registrarem a história do grupo. Se não houvesse registro, não haveria reflexão? Certamente haveria, pois refletimos sobre nosso trabalho a todo instante (antes, durante e após a ação), mas, por

> Nos registros produzidos em 2003 não há, de maneira explícita, a fala da coordenadora, mas ela faz-se presente em muitos momentos da narrativa em decorrência das conversas e reuniões sistemáticas realizadas entre nós. Cabe ressaltar que os registros de 2003 não eram dirigidos a leitores, diferentemente do que ocorria nos anos anteriores.

> A *profissionalidade docente* corresponde a uma construção histórica e social de determinado modo de *ser e estar* na profissão, de *"qualidades da prática profissional dos professores em função do que requer o trabalho educativo"* (Contreras, 2002, p. 74).

intermédio do relato, podemos realizar uma reflexão sistemática e mais aprofundada. É possível "estudar a aula", como nos diria Madalena Freire.

2. Portfólios de projetos

Passemos, então, aos portfólios, entendidos como seleção de registros, como documentação de uma sequência didática, de um projeto, de um grupo, incluindo relatos de atividades, falas e produções das crianças, descrição de etapas de um trabalho e fotografias. Os portfólios representam a construção de memória, de história, tornando possível ainda o intercâmbio de experiências e a divulgação de um trabalho (Lopes, 2003). Contribuem para a valorização da experiência e dos saberes dela decorrentes; para a valorização do ofício docente, atividade criativa e racional; para a recuperação do narrador de que nos fala Walter Benjamin.

Atividade 5: Observação do corpo do tatu-bola

Iniciamos propriamente a pesquisa sobre o tatuzinho de jardim. Na área externa, em duplas, as crianças capturaram tatus-bola, colocando-os em um copinho plástico. Combinamos que apenas observaríamos seu corpo, sem machucá-los, tentando responder às perguntas:

1 - Quantas patas tem o tatuzinho?
2 - O tatu tem antena?
3 - Como é o corpo dele?

Nos comprometemos a devolvê-los à terra após a observação, sem maltratá-los. E assim foi. Entusiasmadas, as crianças levaram seus copinhos para a classe e, com o auxílio de uma lupa, começaram a observar. Um pequeno, um grande, "mamãe e filhinho", disse a Naiara. Eles não param de se mexer! Olha, virou bola! Não dá pra contar as patinhas!
"Eles têm antenas?", perguntei. "Sim!!!" foi a resposta. Quantas? Duas. E patas, quantas são? Muita dificuldade... Dez, oito, onze... Aproximei-me do grupo do Matheus e ajudei-os a contar. Quatorze patas, sete de cada lado, desenhamos na lousa. E o corpo, de que cor é? Marrom, concluíram as crianças.
Após o retorno de nossos amiguinhos à terra, passamos ao registro das informações

> obtidas. Conversamos a fim de socializar as descobertas dos grupos, as crianças ainda muito empolgadas...
> Para o registro, propus desenho com interferência e escrita espontânea de informações. Cada criança recebeu um "corpo de tatuzinho" de papel para colar e completar com o que faltava: patas, antenas, segmentos. A paixão pelo tatu-bola é cada vez maior entre as crianças...
>
> (Excerto do registro do Projeto Enciclopédia de Bichos do Jardim, realizado com crianças de 5 anos em 2003.)

Os portfólios produzidos no período de 2000 a 2003 referem-se a relatos de projetos desenvolvidos junto ao grupo de crianças, correspondendo à narrativa de seu processo de gênese e desenvolvimento. Os relatos de projetos foram organizados em pastas juntamente com fotografias, amostras de atividades, textos e outros documentos utilizados na pesquisa. Vêm acompanhados de um plano inicialmente elaborado, contendo *justificativa, objetivos, encaminhamentos, referências bibliográficas e avaliação*, um registro de intenções e de etapas previstas capaz de orientar o professor em sua ação. Todos os projetos foram de algum modo sugeridos pelas crianças, sendo construídos com base nos interesses manifestados de forma explícita ou indireta. O plano foi elaborado posteriormente à definição do tema e à sondagem de questões para pesquisa, servindo mais como indicador para o desenvolvimento do projeto do que como roteiro fixo e sendo, em sua essência, flexível e aberto a mudanças e alterações, a depender das necessidades do grupo: *"Ao longo do projeto, as etapas previstas para seu desenvolvimento vão sendo alteradas em função das reais necessidades e das questões surgidas; não é possível, portanto, determinar inicialmente e com exatidão o caminho a ser percorrido"* (Projeto Dinossauros, 2002, p. 31-32).

A estruturação do plano inicial do projeto apresenta algumas variações nos diferentes portfólios, mudanças que pouco afetam sua essência. Em alguns casos, aparece também descrição de *conteúdos* por área de conhecimento, desenvolvimento (desdobrando-se nos itens *etapas previstas, fontes de informação, recursos*), *atividades previstas* (desenvolvidas nos tópicos *levantamento* de *conhecimentos prévios, problematização, coleta de informações*) e *avaliação*. Em alguns, há um tópico destinado especialmente ao *produto final do trabalho*, seguido da explicitação: "A ser definido junto aos alunos".

Os portfólios analisados são indicados a seguir:
1) Relato do Projeto Casa de Formigas, 2000.

> Cf. a seção "Anexos".

2) Projeto Mistério de Raios, 2001.
3) Estudo sobre o Vulcão, 2001.
4) Projeto Dinossauros, 2002.
5) Projeto Enciclopédia de Bichos do Jardim, 2003.

No Anexo 1 relacionamos os portfólios em questão juntamente com alguma referência inicial à sua estrutura. Percebemos que os registros têm algumas diferenças entre si quanto à forma, mas sua essência permanece a mesma. Em todos os casos, os portfólios correspondem a narrativas de situações, fatos e acontecimentos motivadores de uma experiência, de uma história que adquire sentido e significado à medida que vai sendo construída, vivida, narrada. Trata-se da construção da "memória pedagógica" da escola, do grupo, do educador.

Implícita ou explicitamente, os portfólios fazem referência ao contexto institucional e, sobretudo, às *concepções* subjacentes às ações. Dilemas também são referidos em diferentes momentos, especialmente no que diz respeito à concepção de projeto didático, o que indica um processo reflexivo constante e a formulação e reformulação de conceitos provisórios orientadores da ação. Analisados longitudinalmente, os portfólios indicam ainda o processo de formação e de desenvolvimento profissional do professor, explicitando avanços, conquistas, dilemas enfrentados e a construção contínua e progressiva de uma maneira de ser e estar na profissão refletida em certo modo de conceber os projetos e trabalhar com eles.

Cabe lembrar que o ano de 2000 correspondeu ao ingresso da denominada "pedagogia de projetos" na instituição em que eu atuava (Sesi) e também a meu primeiro contato com a proposta. Foi um período de construção, busca e pesquisa em decorrência da "novidade" que isso representava para todas nós, professoras da instituição. A problemática é exposta no relato, o qual constitui espaço de *reflexão sobre a prática e de teorização*.

Consideramos *dilemas* situações problemáticas que encerram conflito e necessidade de escolha e decisão (Zabalza, 1994).

Sabemos que a ação docente se caracteriza essencialmente pela complexidade, incerteza e imprevisibilidade das situações, o que torna a reflexão um elemento imprescindível à atuação. Escrever é também fazer perguntas. Nos portfólios pudemos identificar alguns dilemas explicitados nas narrativas, as quais se apresentam como espaço de reflexão e de investigação sobre a prática:

> Ao pensar em projetos, o mais complicado parece ser, a meu ver, "descobrir" um tema a ser trabalhado, de modo a atender ao interesse do grupo e, dessa forma, construir o projeto tendo como principal elemento a participação, o envolvimento das crianças, compartilhando com a turma as diferentes etapas do desenvolvimento da pesquisa. Como encontrar o tema? Como conseguir a problematização? O que é, enfim, problematizar?
> [...]
> Refletindo sobre o projeto, percebo, agora, o importante papel assumido pelo professor no processo de definição e desenvolvimento da pesquisa; é preciso ter sensibilidade para perceber o interesse do grupo e, além disso, refletir constantemente a fim de lançar novos desafios às crianças, problematizar, pois a problematização é o elemento que caracteriza um projeto e torna-o algo vivo e significativo para o grupo e para o professor. (Relato do Projeto Casa de Formigas, 2000, p. 4.)

Podemos perceber que a grande questão que atravessa os registros analisados se refere à *concepção de projeto didático* subjacente às ações desenvolvidas pelo professor em sua atuação, dilema esse que pode ser sintetizado na seguinte pergunta: *O que efetivamente caracteriza um projeto?* Notamos um processo de investigação, tendo em vista a formulação de uma concepção de projeto em seus múltiplos elementos: problematização, escolha do tema, função social, planejamento. Algumas questões parecem bem resolvidas – por exemplo, os objetivos subjacentes a um projeto e a importância da pesquisa e da construção do conhecimento pela criança –, mas outras são constantemente retomadas, sendo-lhes progressivamente acrescentados novos elementos. Podemos distinguir também o processo de teorização vivenciado pelo professor, que, ano a ano, constrói e reconstrói concepções motivado especialmente pela problematicidade característica da ação docente. No último portfólio (2003) evidencia-se aparente superação do dilema por meio da percepção de diferentes concepções de projeto e da necessidade de escolha, por parte do professor, de uma concepção que norteará sua ação ou da construção de nova concepção com base nas teorias existentes. A pergunta *O que faz de um projeto um projeto?* ainda é considerada, mas notamos a opção por integrar, no trabalho em questão, elementos de dois diferentes referenciais apresentados.

Nos portfólios, *narração e reflexão* fazem-se presentes. Em tais registros, o professor expõe concepções, objetivos, justificativa para o tema/projeto escolhido e relata as diferentes etapas do trabalho, narrando o processo de pesquisa vivenciado e construído pelo grupo. As crianças aparecem como protagonistas da ação juntamente com o professor, e sua voz também se manifesta nos relatos.

Os registros constituem verdadeiras narrativas em que falas, acontecimentos, fatos, situações e personagens compõem uma história real e singular. A narração da *gênese do projeto* inicia o relato sobre seu desenvolvimento:

> A ideia de estudarmos os raios surgiu no início do ano letivo, em uma roda de conversa na qual discutimos possíveis temas para estudo. Devido aos acidentes ocorridos em tempestades com raios, muito divulgados pela mídia, as crianças sugeriram estudarmos o assunto, e procurei, nessa conversa inicial, estimulá-las a refletir sobre a questão, averiguando os conhecimentos prévios das crianças. Surgiram informações interessantes:
> "Os raios surgem quando uma nuvem encosta na outra."
> "Os raios são descargas elétricas, como apareceu no programa O mundo de Beackman."
> "Os raios têm fogo dentro."
> "Os raios saem da nuvem e vão para o chão."
> "Não há problema se cair um raio na piscina, pois a água apaga o fogo."
> As hipóteses formuladas pelas crianças mostraram-se bastante lógicas e, muitas vezes, embasadas em informações científicas obtidas em programas de TV, conversas com irmãos mais velhos, etc. Surgiram algumas questões às quais as crianças não tinham resposta:
> "O que é o trovão?"
> "Por que, quando chove, as nuvens ficam pretas e aparecem raios?"
> "Como é formado o arco-íris?"
> Quando disse à turma que havia visto em um livro que os raios sobem da terra para as nuvens (e não descem), os alunos ficaram surpresos e muito intrigados, não concordando.

> "O livro deve estar errado. Eles às vezes erram", disse Giovanna. A convicção apresentada pelo grupo de que os raios descem das nuvens em direção ao solo foi um pouco desestabilizada a partir de minha fala, configurando-se uma verdadeira problematização.
> (Projeto Mistério de Raios, 2001, p. 8)

> O tema surgiu espontaneamente no grupo, em uma roda de conversa, quando Felipe comentou que havia visto, no programa Fantástico, a notícia de que um vulcão norte-americano corria o risco de entrar em erupção e produzir ondas gigantes que poderiam, inclusive, atingir o Brasil. Outras crianças comentaram sobre a reportagem, bastante entusiasmadas, afirmando que a onda poderia cobrir alguns países, etc., imaginando trágicos acontecimentos. Nosso projeto sobre raios estava no fim e, por isso, sugeri que estudássemos algo sobre os vulcões: poderia trazer um vídeo para assistirmos, como havíamos feito na pesquisa sobre raios - o que agradou muito às crianças e foi extremamente enriquecedor -, e realizar uma experiência da Revista Recreio.
> (Estudo sobre o Vulcão, 2001, p. 2)

A essência dos relatos é a *narração*:

> Na semana seguinte a Manu trouxe mais uma informação ao grupo: os raios sobem e descem também. O Felipe completou, afirmando que os raios (os que sobem e os que descem) se encontram no ar, pois na terra também há eletricidade, e não apenas nas nuvens. A "revelação" gerou grande polêmica no grupo, agitando as crianças; todos queriam falar ao mesmo tempo, discordando da ideia de que a terra "produz" raios. A Bárbara justificou sua opinião, afirmando que o encontro das nuvens é que produz o raio e, por isso, ele desce em direção à terra. O Felipe disse novamente que a terra possui eletricidade, e a Giovanna lembrou que seu pai, certo dia, levou um choque mexendo na tomada, fato que, para ela, comprovaria a existência de eletricidade na terra.
> No dia seguinte o assunto foi retomado, e definimos que realmente estudaríamos os raios em nosso projeto da sala. Elaboramos, então, um quadro no qual elencamos o que sabíamos e o que gostaríamos de saber sobre o tema:
>
> | **O que sabemos?** | **O que queremos saber?** |
> |---|---|
> | O raio sobe e desce. | A cor do raio. |
> | O trovão é o barulho. | Todas as coisas sobre o raio. |
> | Quando aparece raio é quando vai chover. | Quando o raio sobe? |
> | Trovão e raio são a mesma coisa | Quando o raio desce? |
> | O relâmpago é a luz. | Será que ele sobe ou desce? |
> | O raio dá choque. | Como chove? Por que chove? |
> | O raio desce das nuvens. | Como se faz o raio? |
> | As nuvens se batem e fazem o raio. | Por que o céu é azul e a nuvem é branca? |
> | O raio vem por baixo porque na terra há eletricidade. | |
>
> (Projeto Mistério de Raios, 2001, p. 9)

Atividade 6: Pesquisando em grupos – Onde vivem os tatuzinhos?

Um grupo de aproximadamente dez crianças reunido ao redor de um tecido colocado no chão do campo, como num piquenique. As outras, brincando, aguardando sua vez, curiosas. O propósito da tarefa: descobrir, nos livros, onde vive o tatuzinho. Alguns livros são apresentados, mas nem todos falam sobre o tatu. As crianças, em grupo, precisam descobrir, observando apenas a capa, em qual deles será possível obter as informações pesquisadas. A professora vai mostrando, um a um, pedindo que leiam o que está escrito na capa dos livros. Leiam, tentem decifrar. Como? Observando imagens, letra inicial... e elas conseguem. "Borboleta!", dizem todas juntas, lendo o título do primeiro livro. "Formiga!" para o segundo material apresentado. "Abelha!" "Joaninha!" Não havia livro sobre o tatu-bola, apenas um texto retirado da internet, com uma imagem. "Olha o tatuzinho! Olha ele como bola!"; "Um em cima do outro!"
Encontrado o material, comecei a lê-lo em voz alta para as crianças. Orientei-as a, ao ouvirem informações sobre o local onde vive, pedirem-me para parar de ler. E assim foi. As descobertas:

As crianças registraram as informações obtidas, escrevendo e desenhando. Depois, folhearam os outros materiais trazidos, encantadas, e foram descobrindo muitas coisas: "Eu não sabia que formiga tem asa", disse Priscila. "A joaninha mora na folha", foi o que disse Nathalia. As imagens transmitem muitas informações, especialmente aquelas presentes em textos informativos, como os que tinham sido apresentados para as crianças. Elas lendo imagens, contando a mim e aos colegas, mostrando as figuras, surpreendendo-se com algumas delas.

(Projeto Enciclopédia de Bichos do Jardim, 2003, p. 13)

A *reflexão* também se faz presente, especialmente sob a forma de *teorização*...

Registrar constitui importante ferramenta para o professor, possibilitando a reflexão sobre sua prática, o replanejamento, constituindo ainda um documento, uma memória de sua história profissional. Podemos recorrer a diferentes tipos de registro, cada qual com características particulares, cumprindo uma função específica, mas dotados de um elemento comum.

(Estudo sobre o Vulcão, 2001, p. 1)

À discussão seguiu-se o registro, em duplas, de descobertas, servindo à sistematização de informações, organização do pensamento e, também, à produção escrita, ao trabalho com o código e com a língua. O registro perpassa todo o projeto, constituindo importante procedimento de pesquisa a ser trabalhado junto aos alunos ao lado de outros, como levantamento de hipóteses, estabelecimento de relações entre conceitos, verificação de ideias iniciais, busca a fontes de informação.

(Projeto Dinossauros, 2002, p. 20)

Referência ao registro produzido pelos alunos.

Tenho refletido muito acerca da concepção de projeto que embasa a prática pedagógica e vejo-me um pouco confusa neste momento. Buscando embasamento teórico norteador, podemos constatar a existência de diferentes concepções de projeto, nenhuma melhor ou pior que a outra, mas, sim, singulares, com objetivos próprios. Podemos citar duas delas: a de Fernando Hernández - que considera os projetos elementos estruturadores do currículo - e a de Delia Lerner - considerando os projetos modalidade organizativa que coexiste com outras formas de organização dos conteúdos, tais como as atividades sequenciadas. Para o primeiro, os projetos assumem um caráter mais interdisciplinar, já que o assunto em questão será analisado sob diferentes pontos de vista; o que está em jogo é, prioritariamente, a pesquisa, a problematização, os procedimentos de estudo e busca de informações. Para Lerner, os projetos centram-se em um objetivo específico ligado a uma área de conhecimento - em especial, à Língua Portuguesa, a fim de permitir um tratamento mais aprofundado de um tipo de texto, por exemplo. Os temas escolhidos, em ambos os casos, serviriam, a meu ver, como meio, e não como fim, estando a serviço da pesquisa e de objetivos mais amplos, ligados à construção de saberes. Certamente não podemos esquecer a função social da escola como transmissora do saber socialmente construído, aspecto que, em alguns contextos, acaba sendo deixado de lado em função de outras exigências. É preciso, sim, preocuparmo-nos com os conteúdos, e os projetos podem constituir uma forma de trabalhá-los de modo a favorecer a construção do conhecimento por parte do educando, e não simplesmente sua transmissão, pelo professor.

(Projeto Enciclopédia de Bichos do Jardim, 2003, p. 2)

...e de *avaliação*:

O Projeto Casa de Formigas, desenvolvido no segundo semestre do ano de 2000, posteriormente à modificação da proposta pedagógica para a Educação Infantil, constituiu, a meu ver, um momento de constante reflexão por minha parte, um verdadeiro aprendizado - não apenas sobre os insetos e as formigas, em especial, mas também, e principalmente, sobre a metodologia. O envolvimento das crianças foi surpreendente, superando minhas expectativas; muitos foram, também, os comentários tecidos pelos pais dos alunos, evidenciando o significado assumido pelo projeto para o grupo e para os pais, visto que eles acabaram participando, juntamente com os filhos, do projeto: pesquisando, ouvindo, aprendendo com as crianças. Por todos esses motivos, sinto-me bastante satisfeita com esse trabalho, sem deixar de reconhecer que, certamente, existem aspectos a serem alterados ou aprimorados.

(Projeto Casa de Formigas, 2000, p. 4)

A *voz das crianças* também aparece no relato:

- "Se puser fogo, pode explodir." (Larissa)
- "Dentro do vulcão é muito quente. Ele é fervendo porque tem fogo, lava, sai fumaça." (Fábio)
- "Para ir lá tem que ir pelado, porque é muito quente." (Felipe)
- "É muito grande." (Bárbara)
- "Quando explode, sai lava para todo lado; não dá para fugir." (Isabella)
- "Lava é lama de fogo." (Felipe, respondendo ao questionamento que fiz sobre o que é "lava", termo empregado por algumas crianças em suas falas.)
- "Lava é parecida com água." (Marina)
- "Lava é vermelha. A água é azul." (Felipe)
- "Vulcão é perigoso." (Matheus)
- "A água apaga o fogo. Se cair na água, a lava derrete. Se mistura na água e vai para o fundo do mar." (Yadny)
- "O vulcão é mais forte que a água." (Gabriel)
- "A água ferve." (Felipe)
- "Existe nos Estados Unidos, no Canadá, no Japão e na China." (Fábio)
- "A lava vem do fogo." (Bárbara)
- "O vulcão vem do sol porque o sol tem fogo." (Mariana)

(Estudo sobre o Vulcão, 2001, p. 8-9)

Em decorrência do final das aulas, foi preciso finalizar o projeto, apesar de existirem, ainda, questões a ser superadas. Expus o fato às crianças, para que pensássemos em um produto final. A aluna Gabriela propôs que, com a finalização do Projeto Casa de Formigas, pesquisássemos sobre dinossauros. Algumas crianças sugeriram que confeccionássemos um livro relatando o que havíamos descoberto sobre formigas. O texto coletivo produzido pelas crianças ficou assim:
"A formiga é um inseto.
Ela tem seis patas, duas antenas e duas mandíbulas.
Ela tem três partes no corpo: cabeça, tórax e abdômen.
A formiga rainha é maior que todas, tem asa e bota ovo.
O macho tem asas.

> O soldado tem a mandíbula maior e guarda o formigueiro.
> As operárias carregam as folhas para alimentar as outras formigas.
> A formiga é a comida do tamanduá.
> Os insetos fazem nascer a natureza porque pegam o pó das flores e vão jogando no chão e nas outras flores."
> (Projeto Casa de Formigas, 2000, p. 19)

Os registros apontam percursos, procedimentos, formas de encaminhamento. Além de possibilitarem a autoformação, também podem ser valiosos instrumentos de socialização e troca de experiências entre professores, favorecendo a produção e a sistematização de conhecimentos produzidos na prática e à luz da prática. São saberes nascidos da experiência, da reflexão, saberes situacionais não encontrados em livros ou tratados pedagógicos. Por meio do registro, o professor mostra-se autor de sua prática, produtor de saberes, construtor de história.

Fotos e produções das crianças unem-se às narrativas na construção dessa memória:

Visita ao zoológico. Projeto Casa de Formigas, 2000.

Experiência do vulcão. Estudo sobre o Vulcão, 2001.

Experiência do vulcão. Estudo sobre o Vulcão, 2001.

Sônia, 6 anos. Projeto Sol, 2004.

Kauê, 6 anos. Projeto Mistério de Raios, 2001.

Qual é a contribuição desses portfólios na formação? Penso que tenham ajudado a perceber o valor e a importância de meu trabalho, a sistematizar e organizar hipóteses, intenções, processos, a avaliar. Contribuíram para a construção de uma profissionalidade, de um modo de ser e estar na profissão, de concepções sobre o trabalho na Educação Infantil. O portfólio é a sistematização de um processo, de uma história, de um trabalho, é o espaço de divulgação, o produto de uma ação. Corresponde à seleção e à organização de registros diversos (relatos diários, fotos, atividades das crianças, textos, etc.), possibilita a reflexão sobre o processo e, como no caso dos materiais analisados, favorece a construção de uma concepção de trabalho com projetos e de uma concepção de criança e de Educação Infantil. Reflete a produção de conhecimento, a sistematização de saberes advindos da prática, da experiência – saberes singulares, mas úteis a outros profissionais que atuam com crianças pequenas.

3. Outros registros

Podemos encontrar, nos "arquivos pessoais" dos professores, outras espécies de registros produzidos por eles como auxílio a seu trabalho. Escrever funciona como apoio ao pensar; escrever, muitas vezes, é pensar. Nesse sentido, recuperamos esses materiais a fim de evidenciar a importância do registro na ação docente.

Em uma pasta, tabulações de *observações de alunos*: notação numérica, sondagem de escrita (conhecimentos em relação ao código), identificação de signos numéricos, contagem oral, contagem de pontos no dado, escrita do nome sem modelo:

Sondagem de escrita
Conhecimentos em relação ao código

Data: 5/8/2002.
Palavras: camiseta, bermuda, calça, mala, sol.

Crianças de 6 anos.

PS – pré-silábico; SVS – silábico com valor sonoro; SA – silábico-alfabético; A – alfabético.

NOME	HIPÓTESE	OBSERVAÇÕES
Danielli	A	CAMISETA/BEREMUDA/CAUSA/MALA/SOU. Questões: ortografia e sílabas complexas. Grande evolução.
Gabriel	PS/SVS	Bom repertório de letras e escritas silábicas com facilidade (análise de fonemas sem dificuldade). Desatenção, dispersão e necessidade de acompanhamento para que realize a proposta apresentada.
Gabriela	SA	Maior autonomia que em outras propostas. Grande evolução. (CAMISTA/BMUDA/CASA/MALA/COU)
Gabriella	SA	Autonomia. KMIZT/BMUDA/KUSA/MALA/SOU.
Gustavo	SA/A	Autonomia. CAMISETA/BEMRUDTA/CAUSA/MALA/SOU.
Heloísa	A	CAMIZETA/BERDA/CALÇA/MALA/SOL. Conhecimento de algumas questões ortográficas: Ç e L no final de palavras.
Ícaro	SVS	KMIZT/BUA/KUSA/MA/SOU. Em algumas situações, percepção da necessidade de mais de uma letra para formar uma sílaba. Solicita auxílio geralmente, mas realizou a proposta com autonomia.
Ingrid	SVS	RAINA/BUCA/KALA/NLA/COU. Problema com repertório de letras. Analisa fonemas silabicamente.
Joquebedi	SA/A	CAMIZETA/BEMUA/CASA/MALA/SOU.
Júlia	SVS/SA	KMZTA/BUDA/AVIS/MLA/SOUOSUS. Grande autonomia.

143

Notação numérica
Atividade: Pescaria.

Data: Maio/2003.

Notação 1	Notação 2	Notação 3	Notação 4	Notação 5	Notação 6
Representação global de quantidades	Uma só figura	Correspondência termo a termo 3A - grafismos icônicos 3B - grafismos abstratos	Utilização de algarismos (1,2,3,4)	Cardinal sozinho	Cardinal acompanhado do nome do objeto
Alisson				X	
Allan				X	
David				X	
Felipe		3A (letras)			
Helenita				X	
João				X	

Identificamos também outros registros de observações sobre as crianças:

> 27/7/2004
>
> Ana está escrevendo nomes de roupas em uma lista. Olha para a lousa, onde há o alfabeto. Muito concentrada. Escreve uma letra e volta a observar o alfabeto. Daiana fala bastante ao seu lado, conversando com as colegas. Ana para um instante para escutar, mas logo retorna à escrita. Nada a faz desviar a atenção de seu trabalho.

Crianças de 5 anos. Construído com base em SINCLAIR, A.; MELLO, D.; SIEGRIST, F. A notação numérica na criança. In: SINCLAIR, H. (Org.). *A produção de notações na criança.* São Paulo: Cortez, 1990.

Encontramos ainda planos não apresentados nos cadernos de registro diário: proposta para Matemática, projetos coletivos (realizados pela equipe da escola), proposta de trabalho para determinada turma. É possível identificar, além disso, relatórios gerais de atividades (documentos entregues aos pais em reuniões pedagógicas) – registros que servem à sistematização da proposta de trabalho, à comunicação da ação pedagógica às famílias e à divulgação de um trabalho de Educação Infantil fundamentado e intencional:

2° estágio C

Relatório de Atividades - 1° Semestre de 2003

Crianças de 5 anos.

O aprendizado é como o horizonte: não há limites.
Provérbio chinês

Chegamos ao final de mais um ano de trabalho. Apesar dos contratempos, da correria e do tempo que parece não parar, acredito que podemos nos perceber satisfeitos pelas conquistas construídas ao longo de um ano de trabalho. As crianças aprenderam muitas coisas, evoluíram bastante em seus conhecimentos, caminhando progressivamente em direção à aprendizagem, conquistada dia a dia.

Neste pequeno registro pretendo compartilhar com vocês, pais, um pouco do trabalho realizado neste segundo semestre junto às crianças, acreditando na importância de conhecerem não só o que foi trabalhado, como também os fundamentos que justificam as escolhas por mim tomadas enquanto professora responsável pelo desenvolvimento de seus filhos.

Em relação aos projetos, demos continuidade ao *Projeto Bichos do Jardim*, que teve como produtos finais uma enciclopédia (com desenhos e pequenos textos produzidos pelas crianças) e um painel do jardim (produzido coletivamente e agora exposto na secretaria), além do portfólio individual de cada criança reunindo as atividades produzidas. No segundo semestre trabalhamos bastante com o *Projeto Mercadinho*, além das demais atividades.

Muitas vezes nossa sala de aula transformou-se em um grande mercado, com vendedores, compradores, banco e produtos com etiqueta de preço. O Projeto Mercadinho oportunizou o trabalho com palavras (nomes de produtos) em escrita espontânea ou leitura, além da aproximação ao sistema monetário. As crianças conhecem as notas e seus valores, percebem que tudo tem um preço e que existem formas de pagar. Ainda não conseguem pensar no troco, por exemplo, atividade que exige um raciocínio mais complexo, mas acredito que o projeto favoreceu uma aproximação inicial a esse conteúdo.

Realizamos também o *Projeto A Noite no Castelo*, originado do interesse das crianças pela música de mesmo título. A ideia de produzir um teatro foi sendo incorporada por crianças, professora e coordenação, dando origem à apresentação exibida à escola e à comunidade. O projeto favoreceu o trabalho com a imaginação, o faz de conta (tão presente nessa idade), a expressão corporal, o ritmo e a própria integração entre as crianças. Elas realmente adoraram!

Em relação à *Linguagem Oral e Escrita*, continuamos com a *leitura diária de histórias*, atividade que possibilitou às crianças a construção de um repertório de histórias conhecidas bastante significativo. Por vezes as histórias eram contadas mais de uma vez, e a cada nova leitura as crianças iam se apropriando de novos elementos até então não percebidos, enriquecendo seu vocabulário, sua imaginação, seu conhecimento sobre textos e estruturas textuais. Se queremos formar leitores e escritores, é imprescindível o acesso, desde cedo, a textos de boa qualidade. Realizamos também atividades de escrita espontânea, especialmente de listas, e atividades envolvendo *procedimentos de leitura* (atividades nas quais solicitamos às crianças que encontrem os nomes dos objetos em questão a partir de indícios presentes na palavra, como letra inicial, n° de letras, letra final). Listas de nomes para escrever da maneira que acham mais conveniente, cruzadinhas, ligar nome a palavras foram algumas das atividades propostas. É possível perceber grande evolução no grupo nesse sentido: grande parte das crianças analisa sons das palavras ao grafá-las, pensa sobre a letra inicial, emprega uma letra para cada sílaba de acordo com o som correspondente. Em breve estarão lendo e escrevendo alfabeticamente com autonomia!

Em *Matemática*, jogos e outras situações-problema foram propostos, tendo em vista a aproximação, por parte das crianças, do sistema de numeração decimal. Contagem, registro de quantidades, realização de pequenas operações, comparação e ordenação de números foram alguns dos conteúdos trabalhados. Bingo de números, jogo da trilha, jogo da velha, jogo dos pontinhos, jogo do cubra, amarelinha, trilha, pescaria e o próprio mercado foram algumas das atividades propostas, além daquelas envolvendo pintar o maior número, ordenar números, completar quadro numérico, registrar quantidades de pontos dos dados. Também nesse ponto percebemos grande evolução e aproximação aos números e ao sistema de numeração decimal em sua complexidade.

Um aspecto que merece destaque refere-se ao trabalho na *Informática*. Conseguimos colocar o laboratório de informática em funcionamento e iniciamos atividades utilizando os computadores junto às crianças. Trabalhamos o programa Paint (específico para desenho), introduzindo procedimentos básicos para utilização das máquinas. Nos primeiros contatos as crianças apresentavam grande dificuldade; poucas têm acesso ao computador, e a grande maioria nunca havia mexido em uma máquina como essa. Aprenderam a "dominar" o *mouse*, escolher ferramentas no Paint, utilizá-las para desenhar, selecionar cores, pintar, desenhar formas geométricas ou linhas retas. Vendo a sala hoje, sinto-me extremamente feliz por perceber a autonomia e a desenvoltura com que trabalham. Esperamos dar prosseguimento a esse importante trabalho no próximo ano. Afinal, é imprescindível que as crianças tenham acesso às diferentes linguagens, entre elas a da informática.

Em relação a *Corpo e Movimento*, realizamos algumas brincadeiras dirigidas, tendo em vista especialmente o trabalho em grupo e o respeito a regras, além do trabalho com o movimento em si. Pega-pega, batatinha-frita 1, 2, 3, corra do lobo, coelhinho, sai da toca foram algumas das brincadeiras propostas e que passaram a fazer parte do repertório das crianças. Em *Artes* o trabalho centrou-se mais na expressão corporal por intermédio do teatro e da dança (as crianças adoram música, adoram dançar também). Realizamos algum trabalho com as produções do pintor francês Monet, observando suas pinturas de jardins para ampliarmos o repertório de imagens, tendo em vista a organização de nosso painel do jardim.

Estas são apenas algumas breves notícias sobre o trabalho desenvolvido neste semestre. Sugiro que observem com atenção as atividades de seus filhos, chamando-os para explicarem, dizerem o que aprenderam, do que mais gostaram, etc. Certamente ouvirão falas muito interessantes e demonstrarão a eles a importância e o valor de seus trabalhos.

Um grande abraço,
Professora Amanda
A criança não é uma garrafa que se deve encher,
mas um fogo que se deve acender.
MONTAIGNE

Existem, outrossim, relatos de atividades pontuais desenvolvidas com as crianças, materiais produzidos durante a atuação no Sesi e entregues mensalmente à coordenadora pedagógica. A intenção era que esses relatos sistematizassem algumas propostas interessantes e servissem à divulgação dessas experiências entre os professores. Há registros sobre o trabalho com o quadro numérico, com jogos de matemática, com o meio ambiente, com a produção de livros de cantigas e parlendas, com cruzadinhas, com a resolução de problemas, com a leitura. São textos ricos, alguns dos quais semelhantes a miniartigos, contendo embasamento teórico, justificativa para a atividade, narração da proposta de trabalho, observações sobre as crianças. Infelizmente esses materiais ficaram restritos ao âmbito privado, não sendo divulgados aos demais professores ou publicados.

> Neste momento trabalhava também como estagiária na Escola da Vila, instituição privada em que pude estudar, com maior profundidade e abrangência, inúmeros aspectos referentes à proposta construtivista, incluindo o trabalho com linguagem oral e escrita. Essa experiência de formação certamente teve reflexos em meu trabalho como professora, fazendo-se presente em práticas e registros.

Fase VI - A - 2002
Relato de Atividade - Linguagem Oral e Escrita   Crianças de 6 anos.

As cruzadinhas na aprendizagem do código

Ao longo da Educação Infantil as crianças deparam-se com diferentes propostas, nas quais têm a oportunidade de entrar em contato com textos em situações de leitura e de produção, e vão, desse modo, aproximando-se gradativamente do sistema alfabético da escrita. Nesse processo, algumas atividades são planejadas pelo professor, tendo como objetivo central estimular a reflexão sobre o código, a escrita de palavras, tendo em vista a formulação e a reformulação de hipóteses e, com isso, a evolução.

São muitas e diversas as atividades propostas que têm por objetivo a aprendizagem do código, mas uma delas em especial merece atenção. Trata-se das propostas de cruzadinhas, que, por mais simples e comuns que possam parecer, encerram inúmeras possibilidades de aprendizagem e podem ser utilizadas como importante instrumento na aprendizagem do código, atrelado a outras propostas. No presente texto pretendo explicitar de maneira breve algumas considerações acerca da utilização das cruzadinhas na construção da escrita, refletindo sobre essa proposta.

1. Cruzadinhas com e sem banco de palavras*
    Primeiramente cabe analisar os conhecimentos dos alunos em relação ao código - não apenas a hipótese na qual se encontram, mas o que pensam sobre a escrita de maneira mais ampla. A partir desse diagnóstico, analisamos então que tipo de cruzadinha cada criança receberá - com ou sem banco de palavras -, considerando suas possibilidades e necessidades.

Na cruzadinha com banco de palavras, as crianças colocam em jogo estratégias de leitura; deparando-se com escritas alfabéticas, precisam buscar nas palavras apresentadas informações e indícios sobre o escrito, tentando interpretar e, desse modo, ler a palavra. Letra inicial, letra final, número de letras constituem alguns dos aspectos considerados pelas crianças. Nesse sentido, crianças em hipóteses silábicas com valor sonoro apenas de vogais têm à sua frente um grande desafio, já que algumas das palavras serão iniciadas por consoantes, o que produz conflito e, quem sabe, desestabiliza e amplia sua hipótese. No caso de uma criança que não possui autonomia e segurança em relação à hipótese silábica com valor sonoro, a cruzadinha pode não constituir estratégia das mais apropriadas se tivermos como objetivo que a criança adquira estabilidade nessa hipótese.

Na cruzadinha sem banco de palavras, a criança precisa escrever, colocando em jogo os conhecimentos que possui em relação ao código. O fato de apresentarmos o número de letras necessárias à grafia da palavra pode constituir um grande desafio às crianças que se encontram na hipótese silábico-alfabética, por exemplo, já que precisarão refletir sobre as letras "faltantes" em sua escrita, ampliando então seu conhecimento em relação ao sistema alfabético. No caso dos alfabéticos, as cruzadinhas oportunizam a reflexão sobre a ortografia, já que precisam, muitas vezes, utilizar a letra "correta", segundo a convenção, para que a cruzadinha seja corretamente preenchida. Nesses casos, são frequentes as perguntas das crianças acerca da letra a ser utilizada, quando esta não aparece ao longo da atividade: "É L ou U?", "X ou CH?", "S ou Z?" Em algumas situações, as crianças acabam descobrindo uma nova maneira de representar determinado fonema, ampliando então seus conhecimentos sobre o código - no caso, por exemplo, do X e do CH, já que, se escrever "CHAPÉU" com X, sobrará um espaço, o que produzirá um conflito.

As crianças na hipótese silábico-alfabética e alfabética também podem - e devem - ter acesso a cruzadinhas com banco de palavras, o que representa o contato com modelos de escrita convencional, auxiliando em sua reflexão sobre a escrita correta das palavras (percepção do LH, do NH, por exemplo). Os pré-silábicos, do mesmo modo, podem realizar cruzadinhas com banco de palavras, pois, apesar de ainda não saberem ler e escrever convencionalmente, devem ter acesso a modelos de escritas convencionais e desenvolver estratégias de leitura.

---

* Chamamos de "banco de palavras" a lista de vocábulos presente na cruzadinha. Em algumas ocasiões e para algumas crianças, a cruzadinha é apresentada sem o banco de palavras, ao passo que, em outros casos, a atividade vem com a lista ao lado para que a criança procure os vocábulos e escreva-os no local correto, preenchendo a cruzadinha.

2. Cruzadinha: procedimento a ser ensinado e aprendido

As crianças não chegam à escola sabendo fazer cruzadinhas, sejam elas com ou sem banco. Ao iniciar propostas de cruzadinhas, é necessário trabalhar primeiramente com os procedimentos implicados nessa atividade, ensinando-os às crianças, orientando-as sempre que necessário. Realizar a cruzadinha inicialmente na lousa, coletivamente, explicando como

> fazer, antecipando inclusive as respostas, constitui importante estratégia didática capaz de garantir êxito à atividade. As primeiras cruzadinhas realizadas pelas crianças têm como objetivo central não o trabalho com o código, mas sim a aprendizagem dos procedimentos. Estando eles interiorizados, as crianças passarão a realizar cruzadinhas com maior autonomia, centrando sua atenção então no sistema de escrita.

Encontramos, por fim, dois relatos produzidos especialmente para divulgação/comunicação: o primeiro, intitulado *O trabalho com os nomes próprios na Educação Infantil*, incluindo sugestões de atividades, constitui uma sistematização de pesquisa sobre o tema, utilizado em reunião pedagógica no Sesi; o segundo, *Você no espelho: a arte como ferramenta na construção da identidade*, expõe um projeto desenvolvido junto aos alunos da Emei e apresentado em um congresso municipal de Educação Infantil. Esses registros concretizam a produção e a divulgação de saberes pelo professor, a narração da experiência, a formação em serviço. Outros professores puderam ter acesso a essas produções, assim como foi possível que eu, como professora, também conhecesse trabalhos riquíssimos desenvolvidos por outros educadores em outras instituições participantes do congresso. É preciso, portanto, construir mais espaços como esses, dentro e fora da escola.

> O tema foi por mim apresentado à equipe de professoras da escola.

4. Os diferentes registros na construção do portfólio de um projeto

O professor produz, em sua prática, diferentes tipos de registros, como pudemos observar acima. Sejam eles mais formais ou menos formais, todos contribuem de alguma maneira para a execução do trabalho docente e contam uma história, guardam memória.

A fim de evidenciar o papel formativo do registro, passemos então à análise mais aprofundada de um portfólio, buscando relações com os registros diários produzidos no mesmo período. Se primeiramente consideramos esses materiais de forma separada, agora passaremos a verificar as relações existentes entre eles e o modo pelo qual se inserem na atividade pedagógica.

Optamos pelo Projeto Enciclopédia de Bichos do Jardim, realizado no ano de 2003, em uma escola municipal de Educação Infantil, com crianças de 5 anos. Escolhemos esse portfólio e não outro por algumas razões: primeiramente, por ter sido produzido no contexto da escola pública; em segundo lugar, pela própria extensão do relato (alguns, como o dos dinossauros, são muito extensos, o que poderia tornar a análise cansativa, comprometendo o objetivo perseguido); em terceiro lugar, por termos acesso aos cadernos de registro correspondentes ao período; por último, por ter sido produzido em um período de maior amadurecimento da concepção de projeto em decorrência de experiências e leituras anteriores.

Como procedimento metodológico, realizamos leitura simultânea dos materiais, buscando nos registros diários referências ao projeto em questão. Foi uma leitura seletiva dos diários, seguida de comparação com o relato apresentado no portfólio e realização de anotações. Alguns excertos dos registros diários receberam marcadores de papel a fim de que pudessem ser facilmente identificados na produção do texto da análise.

A primeira observação que fazemos refere-se à organização do texto do portfólio: a narrativa é distribuída em tópicos que relatam diferentes momentos/etapas do projeto e não necessariamente um dia de trabalho. A ordem cronológica permanece, mas os dias são distribuídos pelos títulos que indicam a atividade e o objetivo. No portfólio não há referência a datas, como ocorre nos registros diários. Por conseguinte, uma proposta pode ter durado dois ou três dias, correspondendo a mais de uma atividade.

A seguir, os tópicos apresentados no relato do projeto:

> Por que estudar os bichos do jardim?
> Atividade 1: Listagem dos bichos do jardim
> Atividade 2: Classificação dos bichos do jardim
> Atividade 3: Votação
> Atividade 4: O que sabemos sobre o tatuzinho?
> Atividade 5: Observação do corpo do tatu-bola
> Atividade 6: Pesquisando em grupos - Onde vivem os tatuzinhos?
> Atividade 7: Desenhos de tatu
> Atividade 8: O que o tatuzinho come?
> Atividade 9: Por que o tatu vira bola?
> Atividade 10: A pesquisa chega ao fim...
> Atividade 11: Escolha de um novo animal
> Atividade 12: O que sabemos sobre a borboleta?
> Atividade 13: O corpo da borboleta
> Atividade 14: Como nascem as borboletas?
> Atividade 15: "A primavera da lagarta"
> Atividade 16: O que a borboleta come?
> Atividade 17: Vídeo
> Atividade 18: Sistematizando as descobertas
> Construindo nosso jardim

Evidenciamos, nesse sentido, o portfólio como uma seleção e sistematização de registros, e não simplesmente uma reunião aleatória deles. Percebemos então o esforço do professor em buscar uma compreensão mais aprofundada do processo, a intenção de organizar mentalmente o percurso, conferindo-lhe maior grau de inteligibilidade e transformando-o em documento, em conhecimento sistematizado. Verificamos que a função do portfólio difere da função do caderno de registros: se no caderno aparece toda a problemática e a complexidade do real, no portfólio encontramos um processo já percorrido, uma narrativa contínua, sem interrupções ou dúvidas.

No dia 20/3, por exemplo, após o registro diário, aparecem, escritas a lápis, reflexões sobre possíveis encaminhamentos para o projeto e uma lista de atividades. Ao lado, números que indicam uma possível sequência:

> Continuação do projeto
>
> 2 – Capturar tatuzinhos e colocar na terra.
> 3 – Analisar quantas patas têm (em grupos pequenos, no campo). Registrar (colar corpinho e desenhar patas). E se têm antena. E de que cor é.
> 4 – Onde vive? Levantamento de hipóteses e, em pequenos grupos, leitura de um texto. Registro (escrita/texto).
> 1 – Pesquisa para casa: o que você sabe sobre o tatuzinho? Desenhe e escreva.
> 6 – O que come? Levantamento de hipóteses, leitura coletiva.
> 7 – Observação de imagens no retroprojetor e desenho na transparência para projetar.
> 8 – Por que o tatu vira bola? Discussão/registro.
> 9 – Fazer tatu de argila ou outro material/sucata.
>   * Tatuzinho recortado para colar e desenhar cenário/hábitat.
> 5 – Desenhar vários tatus, recortar, colar em um cenário de jardim, coletivo.
> 10 – Produção de texto coletivo em pequenos grupos (5 ou 6 crianças).
>
> Registros, 20/3/2003

Percebemos nos registros diários o movimento de avaliação, reflexão e planejamento na construção do percurso do projeto. O registro é empregado pelo professor como espaço para pensar sobre sua ação a fim de aprimorá-la. É o espaço de imaginar, criar, inventar:

> Pensando sobre o projeto...
> Acho que preciso mudar o foco ou acrescentar uma nova perspectiva. Trabalhar mais com as diferentes representações gráficas, produzir mais Arte (como em Reggio Emilia). Falta isso no projeto.
> Diferentes pontos de vista para representação da borboleta: de frente, de lado, voando, parada no galho.
>
> Registros, 4/6/2003

<small>Emprego o nome dado ao material conforme aparece nas páginas iniciais do caderno numa espécie de capa.</small>

Identificamos, no portfólio, as reflexões e os encaminhamentos explicitados nos registros diários, o que enfatiza a importância desse instrumento na construção do projeto. Enquanto, no portfólio, se faz uso de um estilo mais trabalhado, no caderno a escrita é mais informal, mais rápida, incluindo palavras abreviadas, tópicos, marcações com asteriscos, etc. É o próprio movimento do pensar, marcado por idas e vindas, listagem de ideias, seleção de encaminhamentos e hipóteses, enfrentamento de dilemas que atravessam o cotidiano escolar:

> Planejamento borboleta
> 2. Como é o corpo da borboleta? Transparência.
> 1. O que sabemos/o que queremos saber.
> 3. Elas têm patas? Quantas?
> 4. Onde vivem?
> 5. O que comem?
> 6. Como nascem?
> 7. São insetos?
>
> Registros, 26/5/2003

> Preciso incentivar a representação gráfica dessa evolução - mais uma vez. [Referência ao processo de nascimento da borboleta.] As crianças sabem, mas têm dificuldade no desenho. Necessidade de conferir ao grupo maior repertório de imagens.
>
> Registros, 11/6/2003

Evidencia-se ainda a preocupação com a produção de registros pelas crianças: como autoras do projeto e produtoras de conhecimento, espera-se que também registrem seu percurso e suas descobertas. Uma seleção dessas produções é apresentada ao final do relato, no portfólio, em ordem cronológica. Os desenhos e escritas das crianças revelam uma maneira própria de construir e produzir conhecimento e história, vinculando-se aos registros docentes na construção de memória:

Jéssica, 5 anos. Projeto Enciclopédia de Bichos do Jardim, 2003.

Priscila, 5 anos. Projeto Enciclopédia de Bichos do Jardim, 2003.

Nos cadernos de registro diário não aparece diretamente a voz da coordenadora pedagógica, profissional que colaborava bastante com o trabalho. Os registros diários não eram lidos por um interlocutor, apesar de conversarmos com alguma frequência sobre minha prática. A influência dessa parceria mostra-se em alguns momentos – por exemplo, na proposta de produção de um painel. É nítido também o efeito de situações significativas de formação contínua experienciadas fora da escola no trabalho pedagógico junto às crianças:

> A ideia de produzir, com as crianças, um painel retratando o jardim e nele inserir nossos bichinhos surgiu durante o III Copedi (Congresso Paulista de Educação Infantil) com base nas falas de Ana Angélica (sobre o trabalho com artes visuais na escola) e Júlia Formosinho (acerca de projetos de trabalho).
>
> Projeto Enciclopédia de Bichos do Jardim, 2003

Analisando as inter-relações entre portfólio, registro diário e registros produzidos pelas crianças, podemos identificar o movimento presente não apenas no processo de escrever e pensar sobre a prática, mas também na própria ação pedagógica. Uma ação que não se sustenta no vazio, mas se constrói com base nas múltiplas interações, no encontro de sujeitos. Encontro intencional, marcado por objetivos ligados à aprendizagem, à formação, à educação. Os registros indicam uma concepção de educação, de criança, de educador que caminha no sentido da autoria, da autonomia, da reflexão. E evidenciam esse processo de busca, de construção, de transformação.

Os aspectos pessoal e profissional apresentam-se por vezes tão interligados, que talvez possamos afirmar que o professor que registra é também uma pessoa que registra; ele não registra apenas na escola, sobre sua prática; registra também em outros momentos, pois isso faz parte de seu modo de ser, de sua identidade.

* * *

Neste capítulo, analisamos registros de práticas produzidos em minha atuação como professora. Mostramos que sua produção perpassa por todos os momentos da prática: do planejamento à avaliação, à sistematização de experiências, à divulgação de um trabalho aos pais ou a outros educadores. Percebemos o registro como instrumento inerente ao ofício docente, como tarefa complexa que implica criação, construção, autoria. Gostaríamos de ressaltar que se trata de produção contextualizada não apenas em um espaço – as escolas –, mas também em um tempo – o período inicial de atuação como professora. Têm como foco o trabalho desenvolvido com crianças de 5 e 6 anos, evidenciando concepções que hoje certamente teriam avançado, por ser a formação um processo contínuo e permanente. As condições institucionais, a produção teórica, os documentos legais e as políticas públicas exercem influência sobre a prática pedagógica da sala de aula, o que precisa ser levado em conta a fim de evitar análises restritivas. O próprio registro docente pode evidenciar essas transformações, indicando o movimento formativo. Isso posto, caminhamos, neste momento, às considerações finais.

Capítulo IV

CONSIDERAÇÕES FINAIS

Considerações finais

Quer dizer, mais do que um ser no mundo, o ser humano se tornou uma Presença no mundo, com o mundo e com os outros. Presença que, reconhecendo a outra presença como um "não-eu", se reconhece como "si própria". Presença que pensa a si mesma, que se sabe presença, que intervém, que transforma, que fala do que faz, mas também do que sonha, que constata, compara, avalia, valora, que decide, que rompe.
PAULO FREIRE

1. Registro de práticas: da atitude individual ao projeto coletivo – entre limites e possibilidades

Só a mudança organizacional se traduz em mudança eficaz.
ISABEL ALARCÃO

Ser professor de Educação Infantil é educar e cuidar, observar as crianças, construir práticas, procedimentos, atividades, criar e recriar, e é também registrar, produzir marcas, construir história. Em um contexto de percepção da complexidade da prática pedagógica, do professor como agente de sua prática, intelectual crítico-reflexivo (Pimenta, 2002), pensar o registro é valorizar o trabalho docente, entendendo-o como profissão que demanda conhecimento, estudo, reflexão sistemática. É valorizar o professor como produtor de saberes, autor de sua prática. É ainda reconhecer a influência das condições de trabalho na qualidade do processo, o ensino como prática social concreta, constituída pelas dimensões técnica, política, ética e estética (Rios, 2001).

A produção de registros como professora de Educação Infantil levou-me a refletir sobre a importância desse elemento para o trabalho docente, para o desenvolvimento profissional, para a melhoria da qualidade do ensino. Tomamos então como objeto de análise *os registros de práticas,* buscando responder à seguinte questão: *Qual a contribuição do registro de práticas pedagógicas realizado pelo professor no processo de formação e de desenvolvimento profissional?*

Nesse sentido, as considerações dos diferentes autores e pesquisadores possibilitaram-nos compreender de forma mais aprofundada o objeto de pesquisa e situar-nos em relação às produções da área. Ainda pouco se fala sobre a importância dos registros – documentação, diários, relatos, sejam quais forem eles e a nomenclatura empregada –, o que reforça a relevância da temática. A intenção é produzir um conhecimento útil ao coletivo, às escolas, aos professores, às universidades, um saber que se mostre transformador do sujeito e da práxis. Esperamos que nossas reflexões frutifiquem práticas reais, concretas e contextualizadas de registro que se tornem significativas para os envolvidos e promovam efetivamente a melhoria da ação.

A retomada das produções de autores e pesquisadores permitiu-nos também elaborar uma concepção de registro que engloba diferentes formas (portfólios, relatos diários, tabulações, registros de observações, entre outras) e diferentes linguagens (verbal e não verbal). Percebemos a criança como produtora de marcas, e o desenho como linguagem.

A breve incursão no contexto histórico ajudou-nos a compreender a história da Educação Infantil e a história do silenciamento dos professores. Percebemos a maneira pela qual a relação do professor com a teoria – e com a escrita – foi sendo construída, dando origem à dicotomia teoria-prática: a profissionalidade docente foi pautada no "saber fazer", cabendo aos especialistas e cientistas a produção dos aportes teóricos. A escassez de registros produzidos por professoras nos documentos oficiais (boletins internos e relatórios anuais dos parques infantis, *Revista do Jardim da Infância*) e nos arquivos (Memória Técnica Documental da prefeitura de São Paulo e Centro de Memória da Faculdade de Educação da Universidade de São Paulo) indica que, historicamente, a experiência docente foi sendo desvalorizada e desconsiderada. Isso torna possível entender, de maneira mais crítica, a dificuldade que parte dos educadores experimenta em relação à escrita: além da história de vida, da formação escolar e do contexto institucional, podemos considerar a influência de elementos de cunho cultural e histórico.

Na verdade, talvez a sociedade de forma geral vivencie essa perda da capacidade e do hábito da leitura e da escrita em razão da aceleração do tempo e do imediatismo das situações de comunicação.

Registrar a prática é conferir-lhe um status até então inexistente, sem cair no praticismo. O registro deve possibilitar a construção de um saber válido com base na reflexão e no diálogo com a teoria. E isso certamente não é tarefa fácil, mas demanda intervenção e tempo, pois é construção, processo, e não técnica, receita. O registro precisa ser experimentado, vivido.

A análise de meus registros produzidos como professora (registros diários, portfólios e outros) possibilitou a compreensão do registro como instrumento favorável à reflexão, à investigação da prática, à produção de conhecimentos, à sistematização e divulgação de saberes, à construção de memória e de história, à autoria do processo educativo. Nos registros analisados, puderam ser identificados elementos que tornam explícito o papel desse instrumento na *reflexão sistemática sobre a prática, no desenvolvimento profissional do professor, na reconstrução de sua profissionalidade.* Nos registros há referência ao desenvolvimento do grupo, a crianças de forma particular, às atividades; aparecem também intervenções e problematizações, encaminhamentos, expressão de sentimentos, dilemas e dificuldades, questionamentos, reflexões sobre o registro e sobre a escola. A narração é permeada pela voz das crianças, por reflexão, teorização e avaliação constantes, aspectos que evidenciam o potencial formativo dos apontamentos. Evidencia-se a relação registro-memória, registro-produção de conhecimentos, registro-reflexão.

O registro de práticas pode ser considerado, portanto, *meio e fim* para a melhoria da ação pedagógica. É meio para o planejamento, a reflexão, a avaliação, o desenvolvimento profissional. Mas também constitui fim em si mesmo, pois é documento, registra memória, expõe um processo, representa produção de saberes.

No processo de análise, elementos referentes ao contexto vieram à tona na tentativa de compreender as possibilidades e os limites do registro de práticas. A percepção do desenvolvimento do professor como uma articulação entre as dimensões *pessoal, profissional* e *organizacional* (Nóvoa, 1992) e o exame das instituições escolares subjacentes à produção dos registros levaram-nos a verificar que os limites e as possibilidades da prática do registro dependem também do contexto em que ela se insere, o qual pode favorecer/estimular/valorizar ou não o trabalho docente e, consequentemente, os registros de prática. Identificamos, nos materiais analisados, o registro ainda como atitude individual, como produção do professor para si mesmo, já que as possibilidades de interlocução com outros professores e com a coordenação eram bastante restritas. Constatamos, então, a necessidade de *passar do registro como atitude individual ao registro como projeto institucional*, percebendo-o não apenas no contexto do *desenvolvimento profissional*, mas também como possibilidade de *desenvolvimento organizacional*. É preciso que o registro seja incorporado ao projeto político-pedagógico em ação, à cultura escolar, ao sistema de forma mais ampla.

Interferem no modo pelo qual o professor se relaciona com a escrita e com o registro as *experiências constituintes de sua história de vida* (existência ou não de leitores, pessoas que validaram ou não sua escrita, estimularam ou não seu processo de construção de autoria), *o contexto institucional* (a escola) e, ainda, as *políticas públicas*, que podem garantir – ou não – condições de trabalho que favoreçam a produção de registros e a reflexão sobre eles. Ao recuperarmos fragmentos da história e refletirmos sobre registros de outros tempos, identificamos concepções distintas de educação, de prática e de professor que eram traduzidas de maneiras específicas nos registros encontrados. Percebemos a influência do contexto institucional quando analisamos meus registros como professora, reconhecendo o papel decisivo da escola na valorização ou não da prática do registro e na promoção ou não de parcerias que garantam a interlocução e a reflexão com o outro. Identificamos ainda o contexto organizacional mais amplo – o sistema – ao refletirmos sobre as condições de trabalho docente. Nesse sentido, a atitude do registro seria, de certa forma, fruto de diferentes condições: 1) formação inicial; 2) formação contínua em serviço; 3) condições objetivas de trabalho.

Pretendemos não só que o registro seja incorporado à prática de professores isolados, mas também que as reflexões desenvolvidas nesta pesquisa sejam consideradas pelas escolas, pelo coletivo que compõe a instituição. Há muita insistência na ideia de formação do professor, mas por vezes esquecemos o fato de ele estar inserido em um contexto organizacional que pode ser determinante em seu processo de desenvolvimento profissional. Não basta os professores serem reflexivos individualmente se a escola não o é também. *"As escolas não podem mudar sem o empenhamento dos professores; e estes não podem mudar sem uma transformação das instituições em que trabalham. O desenvolvimento profissional dos professores tem de estar articulado com as escolas e os seus projetos"* (Nóvoa, 1992, p. 28).

As *culturas colaborativas* (Hargreaves, 1996), entendidas como espaço de reflexão, estudo e desenvolvimento, precisam ser construídas, cultivadas no interior das escolas, assim como os processos de formação. Não de maneira autoritária e impositiva, mas de forma cuidadosa e essencialmente democrática.

2. Autoria, produção de saberes, reflexão e emancipação: o registro de práticas como instrumento formativo

> *É preciso gritar alto que, ao lado de sua atuação no sindicato, a formação científica das professoras iluminada por sua clareza política, sua capacidade, seu gosto de saber mais, sua curiosidade sempre desperta são dos melhores instrumentos políticos na defesa de seus interesses e de seus direitos. Entre eles, por exemplo, o de recusar o papel de puras seguidoras dóceis dos pacotes que sabichões e sabichonas produzem em seus gabinetes numa demonstração inequívoca, primeiro, de seu autoritarismo; segundo, como alongamento do autoritarismo, de sua absoluta descrença na possibilidade que têm as professoras de saber e de criar.*
>
> PAULO FREIRE

Documentar experiências pode constituir possibilidade de formação do educador em serviço ao possibilitar o desvelamento da realidade, a reflexão sistemática sobre a prática, a percepção da teoria a ela subjacente, a apropriação da autoria do processo educativo, a produção de conhecimentos e sua socialização. Registrar é produzir história, é construir saberes com base na prática, é desenvolver-se pessoal e profissionalmente. Deve-se garantir aos educadores a possibilidade de *estudo, reflexão, formação em serviço* e, portanto, de desenvolvimento profissional.

Como já ressaltamos, faz-se necessário que, para alcançar seu objetivo formativo, o registro não seja unicamente tarefa individual, mas faça parte da própria cultura da escola e de seu projeto político-pedagógico. Registro demanda intervenção, escuta, socialização, para que possibilite efetivamente a construção coletiva do conhecimento e a emancipação, a autoria. Talvez possamos, por meio dessa documentação, resistir ao continuísmo e construir rupturas significativas em nossas práticas, conferindo algum estatuto ao saberes nascidos da experiência e reconstruindo nossa profissionalidade.

Registrar é ler a realidade, observar, pensar, agir. É conhecer, entender, refletir para poder transformar. Por isso é libertador. E cabe à formação possibilitar ao educador a leitura do mundo, o desvelamento da realidade, a apropriação de seu fazer: ato de libertação e transformação. A formação, portanto, precisa promover o pensar reflexivo e crítico, o estudo, a produção de conhecimento, a socialização de saberes, a melhoria da prática. E o registro pode constituir importante instrumento nesse processo, promovendo a *construção das memórias* pessoal e coletiva, a *escrita da história*, a *formulação de perguntas*, o *levantamento de hipóteses*, a *aprendizagem*, a *articulação teoria-prática*.

Parafraseando Perrenoud (2003), não basta bom senso para ser professor. Considerando a complexidade do trabalho docente, marcado pela incerteza e pela interferência de múltiplos fatores, torna-se imprescindível perceber o professor como autor de sua prática, sujeito reflexivo em constante pesquisa e transformação de sua ação. A reflexão não se dá no vazio, mas é pautada em saberes que o professor possui ou precisa construir para poder atuar de maneira mais adequada, tendo em vista a aprendizagem e a formação de seus alunos. Sua ação é mediada por teorias, concepções e conhecimentos que fornecem subsídios à prática, fundamentando-a e orientando-a a respeito de que direções tomar.

Podemos identificar, de acordo com Pimenta (1996), três espécies de saberes da docência: os *saberes da experiência* (que remetem às lembranças do que é ser professor mediadas pela experiência como aluno e também aos saberes construídos com base na experiência pessoal como professor), os *saberes científicos* (conhecimento da matéria, do conteúdo) e os *saberes pedagógicos* (relativos ao processo de ensino-aprendizagem). Os diferentes saberes apresentam-se integrados e são constantemente ressignificados à luz da prática, que se encarrega de produzir novas perguntas e algumas respostas, promovendo a criação de novos saberes.

Identificar os saberes necessários ao ofício docente significa reconhecer que a tarefa educativa não se dá de forma espontânea, mas demanda intervenção pautada em um campo específico de conhecimentos. Para ser professor, é preciso estudar, refletir, pesquisar continuamente; bom senso apenas não é suficiente. Considerar as especificidades da profissão de professor significa valorizá-la.

Acreditamos que o registro de práticas constitui instrumento essencial à construção da autoria e à sistematização de saberes construídos/produzidos pelo educador em seu trabalho diário. Saberes ligados à situação, contextualizados, mas passíveis de ser socializados. Experiência que traduz conhecimento, conhecimento traduzido em experiência... Recuperação da narrativa, da memória.

Os registros resultantes de um processo de busca, estudo e pesquisa precisariam encontrar um meio de divulgação mais amplo, sem ficar restritos ao professor e ao contexto da escola. Revistas produzidas pelas instituições poderiam servir à publicação desses materiais, conferindo valor à prática e aos saberes dela provindos. Então o registro serviria não apenas à produção de conhecimento, mas também à socialização dele e à construção de nova profissionalidade. Acredito que as professoras de educação básica pública gostariam muito de ver seus trabalhos publicados.

Se consideramos o professor como produtor de conhecimento que encontra no registro meio de sistematização e divulgação, poderíamos afirmar que esse conhecimento é ciência, tem o mesmo estatuto que os saberes produzidos em investigação acadêmica? Como podemos situar o saber produzido pelo professor em sua prática?

A nosso ver, o professor produz saberes experienciais que, apesar de apresentarem forte relação com a prática, não se restringem a ela, pois são carregados de teoria. São diferentes de saberes teóricos puros, mas não inferiores a eles. São outra espécie de saber, que talvez não se enquadre nos moldes da ciência positivista. Certamente falamos aqui especialmente daqueles registros trabalhados, revisados, transformados em documento. Eles traduzem experiências, teorias, conhecimentos; precisam ser valorizados. *"O reconhecimento do relato como modo de construção teórica defronta-se, no campo profissional, com mais de uma dificuldade. Para que o relato entre no campo da ciência, é importante que ele seja público e, portanto, divulgado. Serão necessários ainda muitos anos para que o contexto de aceitação e de recepção permita aos práticos que escrevem assumir seu texto sem temor de represálias"* (Cifali e Hofstetter, 1995, apud Cifali, 2001, p. 113).

3. Registro e formação de professores: por uma análise crítica da proposta

São necessárias condições de trabalho para que a escola reflita e pesquise e se constitua num espaço de análise crítica e permanente de suas práticas. [...] Estamos, portanto, falando de um projeto emancipatório, compromissado com a responsabilidade de tornar a escola parceira na democratização social, econômica, política, tecnológica e cultural, que seja mais justa e igualitária.

SELMA GARRIDO PIMENTA

A promoção de situações de formação em serviço aparece, no discurso atual, como a saída para a superação de todos os problemas da escola. Se antes eram os alunos e suas famílias considerados responsáveis pelo fracasso escolar, agora percebemos a culpabilização do professor pelas mazelas educacionais. Embora reconheçamos a importância da ação dessa personagem que atua diretamente com o educando na promoção de situações de ensino e aprendizagem, atribuir-lhe a inteira responsabilidade pelo fracasso escolar significa desconsiderar os inúmeros fatores que influenciam a prática docente, especialmente as condições de trabalho (salário, jornada, acompanhamento, estudo, etc.).

O desenvolvimento de ações de formação contínua, apesar de essencial, não é suficiente para que os problemas educacionais sejam efetivamente superados. A melhoria do ensino não depende unicamente do professor, mas de ações integradas por parte do sistema, das instituições escolares, da política educacional. Faz-se necessário levar em conta que a formação, malgrado desempenhe importante papel no desenvolvimento profissional do professor e no desenvolvimento organizacional, não pode ser considerada a única determinante da qualidade do ensino, ainda que esteja estreitamente relacionada a ela.

Expressões como *professor reflexivo, professor pesquisador, professor como intelectual* alimentam o debate atual acerca da problemática da formação de professores, no Brasil e no mundo. São elaboradas propostas e pesquisas que tomam o professor como figura central do processo de desenvolvimento profissional e, consequentemente, de melhoria da qualidade do ensino. Em um momento de mudança e de crise em relação à própria identidade da escola no contexto social mais amplo, o movimento do professor reflexivo foi incorporado ao cenário educacional brasileiro especialmente nos anos 1990, com a introdução e a disseminação do conceito, inserido em uma proposta de compreensão do trabalho docente.

Parece-nos, porém, que as propostas e as reflexões levadas a efeito sobre formação de professores avançam mais depressa do que as práticas efetivamente realizadas nas escolas ou que inúmeros elementos obstaculizam a concretização desses ideais. Nos discursos, propõe-se que o professor reflita, pesquise sua prática, construa conhecimentos com base nela, vivencie ativamente, dia a dia, seu papel de intelectual crítico. Aproximando-nos da realidade da escola pública, percebemos que muitas das propostas e políticas encontram desafios de complexa superação, assim como demandam esforços que extrapolam o próprio contexto institucional e incidem até mesmo sobre a percepção social do trabalho docente. Será que conhecemos o professor e seu ofício? Será que conhecemos a escola brasileira e o modo de inserção do professor nesse contexto? O que fazer, então, para efetivar a proposta de formação que toma a escola como *locus* do desenvolvimento profissional do professor mediante a valorização de seus saberes experienciais e de suas práticas? E acima de tudo: que tipo de formação queremos?

O registro de práticas insere-se nesse movimento de reflexão, formação e desenvolvimento profissional. Mas é preciso cuidar seriamente para que nem o registro nem a reflexão em torno dele se tornem mais uma daquelas propostas vazias de significado que, incorporadas apenas no plano discursivo, em nada contribuem para a alteração das práticas. Deve-se investir nos professores e nos momentos e espaços destinados ao trabalho coletivo nas escolas.

"O excesso dos discursos esconde a pobreza das práticas políticas" (Nóvoa, 1999, p. 13). A ênfase dada pelas propostas à formação do professor reflexivo e autônomo encobre a tentativa de retirar dos professores seu saber e impor teorias que expliquem e orientem sua prática. Um professor reflexivo é um professor crítico, contestador, que não aceita imediatamente políticas e determinações superiores e dirige com autonomia sua ação, dentro e fora da sala de aula. É realmente esse

professor que as instituições públicas e privadas desejam como seu funcionário? Até que ponto vai a "reflexão" proposta?

Façamos nossa a provocação lançada por Nóvoa (1999): *"Pela minha parte, gostaria de perceber como é que os professores refletiam antes de os investigadores terem decidido que eles eram 'profissionais reflexivos'"* (p. 18). E cuidemos para que o registro de práticas, aqui defendido como instrumento essencial ao ofício docente, não seja transformado em mais um discurso vazio. Desejamos que efetivamente seja apropriado pelos educadores, resultando na valorização de suas práticas e na produção de conhecimentos. E que esses registros permaneçam no tempo, sejam divulgados, publicados e socializados no cenário educacional.

* * *

Registrar implica uma proposta pedagógica que considere o professor como autor de sua prática, a atividade pedagógica como ação complexa e em processo de construção, as crianças como agentes participativos e a necessidade de reflexão e formação contínuas. Implica pensar a escola como espaço privilegiado de desenvolvimento profissional do educador, considerando-a instância formadora. Implica entender a formação como investimento e projeto pessoais concretizados na interação, no espaço coletivo, caracterizando-se por um processo de reflexão sobre a prática e de *"(re)construção permanente de uma identidade pessoal"* (Nóvoa, 1992, p. 25). Implica ainda valorizar os saberes experienciais, *"trabalhando-os de um ponto de vista teórico e conceptual"* (p. 27). Nesse sentido, destacamos o papel do coordenador pedagógico e do diretor escolar como *articuladores* do trabalho coletivo e do projeto político-pedagógico institucional e como possíveis *incentivadores/orientadores de práticas* de registro, por meio da criação de espaços destinados não só à sua produção e divulgação, mas também à reflexão coletiva sobre esses apontamentos e com base neles, tornando-os material de estudo inserido no processo de formação em serviço.

A tarefa não é simples. Ao escrever suas narrativas diárias, ao avaliar sua ação, o escritor expõe fraquezas, dúvidas, incertezas e, implicitamente, concepções de criança, de educação, de ensino. Ao escrever, o professor torna públicos seus desejos e aflições mais particulares, abrindo-se a críticas e sugestões. Para que o registro possa ser efetivamente considerado instrumento favorável à reflexão, ao aperfeiçoamento do ensino, à formação, torna-se imprescindível a existência de uma relação saudável entre professor e coordenador, o que demanda o estabelecimento de parceria e cumplicidade entre escritor e leitor, na qual o coordenador se mostre disponível e aberto para ouvir e intervir quando necessário. Lançar questionamentos, indicar leituras, sugerir novas propostas ou diferentes encaminhamentos, apoiar projetos são possíveis formas de intervenção.

Recorrer às histórias de vida dos educadores, trazendo à memória situações de interação com a escrita, de produção de registros pessoais (diários, por exemplo), pode constituir um possível caminho a ser seguido. Favorecer o contato com registros produzidos por outros professores, analisando-os e refletindo sobre seu conteúdo e sobre sua forma e função, estimular a produção de registros de atividades isoladas e a circulação desses apontamentos, criar momentos de trabalho coletivo destinados à reflexão sobre registros produzidos e sobre textos referentes ao tema podem ser consideradas intervenções a ser desenvolvidas, tendo em vista o aprimoramento das práticas de registro docente.

Apesar de não existirem "modelos" e receitas para registrar, acredito que lançar questões norteadoras da reflexão pode constituir instrumento útil ao processo de registro: quais foram meus objetivos com determinada atividade? O que espero que as crianças aprendam? Quais reações observei? Quais foram as dificuldades enfrentadas na atividade proposta? Que outros encaminhamentos são necessários, tendo em vista a aprendizagem das crianças? Quais as dificuldades apresentadas pelas crianças? As questões podem ser mais pontuais, centrando-se em determinados aspectos, como o grupo, as interações entre as crianças, os momentos de brincadeira dirigida, os momentos de brincadeira espontânea, a escrita, o desenho, a autonomia. Podemos também apenas narrar acontecimentos (por exemplo, uma roda de conversa sobre o projeto da sala), tendo em vista sua documentação posterior. Podemos criar tabelas a fim de facilitar o registro de informações pontuais.

Consideramos então que o registro, inserido em uma proposta de formação de professores em serviço que toma a escola como *locus* privilegiado, pode possibilitar a produção de rupturas, em proveito da *reconstrução do trabalho pedagógico e da melhoria da qualidade do ensino*. Isso exige não só que ele passe de atitude individual a projeto de escola, ou de proposta institucional a compromisso individual, mas também que, a longo prazo, sejam criados espaços para sua maior divulgação e socialização fora da escola. Sugerimos ainda que o registro seja incorporado também às propostas de formação inicial, em virtude das possibilidades formativas desse instrumento.

Esperamos que nossas reflexões tenham repercussões positivas no meio educacional e contribuam para a melhoria da qualidade do ensino, objetivo último do livro. Esperamos também que os educadores se sintam estimulados a escrever sobre suas práticas e, acima de tudo, se percebam como sujeitos produtores de história, de memória. Desejamos, enfim, que as políticas públicas considerem o professor como autor de sua prática e atuem no sentido de promover melhores condições de trabalho, as quais possibilitem efetivamente a construção de registros de práticas pedagógicas, o estudo, a reflexão.

Bibliografia

Bibliografia

ALARCÃO, Isabel. Escola reflexiva e desenvolvimento institucional. Que novas funções supervisivas? In: OLIVEIRA-FORMOSINHO, Júlia (Org.). *A supervisão na formação de professores I:* da sala à escola. Porto: Porto Editora, 2002.

ARANHA, Maria Lúcia de Arruda. *História da educação*. São Paulo: Moderna, 1996.

ARENDT, Hannah. *Entre o passado e o futuro*. 4. ed. São Paulo: Perspectiva, 1997.

BENJAMIN, W. O narrador: observações sobre a obra de Nikolai Leskow. In: _____ et al. *Textos escolhidos*. São Paulo: Abril Cultural, 1983a.

_____. Sobre alguns temas em Baudelaire. In: _____ et al. *Textos escolhidos*. São Paulo: Abril Cultural, 1983b.

BETTO, Frei. *Alfabetto*: autobiografia escolar. São Paulo: Ática, 2002.

BIKLEN, Sari; BOGDAN, Robert. *Investigação qualitativa em educação*: uma introdução à teoria e aos métodos. Porto: Porto Editora, 1994.

BOSI, Ecléa. *Memória e sociedade*: lembranças de velhos. São Paulo: T. A. Queiroz, 1979.

BRASIL. Ministério da Educação e do Desporto. Secretaria de Educação Fundamental. *Referencial Curricular Nacional para a Educação Infantil*. Brasília: MEC/SEF, 1998.

BUENO, Belmira Oliveira. O método autobiográfico e os estudos com histórias de vida de professores: a questão da subjetividade. *Educação e Pesquisa*, São Paulo, v. 28, n. 1, p. 11-30, jan./jun. 2002.

CANÁRIO, Rui. A escola: o lugar onde os professores aprendem. *Psicologia da Educação*, São Paulo, n. 6, p. 9-27, 1. sem. 1998.

CARVALHO, Ana Carolina. Reflexões do professor: diários de campo (escrever para pensar melhor sobre as intervenções do professor). Diário de Ana Carolina. *Avisa Lá*, São Paulo: Instituto Avisa Lá, ano 1, n. 1, jan./mar. 2000.

CARVALHO, Janete Magalhães; SIMÕES, Regina Helena Silva. O processo de formação continuada de professores: uma construção estratégico-conceitual expressa nos periódicos. In: ANDRÉ, Marli Eliza Dalmazo Afonso de (Org.). *Formação de professores no Brasil* (1990-1998). Brasília: MEC/Inep/Comped, 2002.

CASTEDO, Mirta; MOLINARI, Maria Claudia; WOLMAN, Susana. *Letras y números*: alternativas didácticas para jardín de infantes y primer ciclo de la EGB. Buenos Aires: Santillana, 2000.

CATANI, D. et al. História, memória e autobiografia na pesquisa educacional e na formação. In: _____ (Org.). *Docência, memória e gênero:* estudos sobre formação. São Paulo: Escrituras, 1997.

CENTRO DE REFERÊNCIA EM EDUCAÇÃO MARIO COVAS. Disponível em: <www.crmariocovas.sp.gov.br>. Acesso em: 13 maio 2006.

CHARLOT, Bernard. Formação de professores: a pesquisa e a política educacional. In: PIMENTA, Selma G.; GHEDIN, Evandro (Org.). *Professor reflexivo no Brasil*: gênese e crítica de um conceito. São Paulo: Cortez, 2002.

CIFALI, Mireille. Conduta clínica, formação e escrita. In: PERRENOUD, Philippe et al. (Org.). *Formando professores profissionais*: quais estratégias? Quais competências? Porto Alegre: Artmed, 2001.

COLL, César et al. *O construtivismo na sala de aula*. São Paulo: Ática, 1996.

COLLARES, Cecília Azevedo Lima; MOYSÉS, Maria Aparecida Affonso; GERALDI, João Wanderley. Educação continuada: a política da descontinuidade. *Educação & Sociedade*, Campinas, v. 20, n. 68, p. 202-219, dez. 1999.

CONTRERAS, José. *A autonomia de professores*. São Paulo: Cortez, 2002.

COSTA, Marisa C. Vorraber. Trabalho docente e profissionalismo. In: _____. *Trabalho docente e profissionalismo*: uma análise sobre gênero, classe e profissionalismo no trabalho de professoras e professores de classes populares. Porto Alegre: Sulina, 1995.

CUNHA, Maria Isabel da. Profissionalização docente: contradições e perspectivas. In: VEIGA, Ilma Passos A.; CUNHA, Maria Isabel da (Org.). *Desmistificando a profissionalização do magistério*. Campinas: Papirus, 1999.

EDWARDS, Carolyn; GANDINI, Lella; FORMAN, George. *As cem linguagens da criança*: a abordagem de Reggio Emilia na educação da primeira infância. Porto Alegre: Artes Médicas Sul, 1999.

ESTEVE, José M. Mudanças sociais e função docente. In: NÓVOA, António (Org.). *Profissão professor*. Porto: Porto Editora, 1995.

ESTRELA, Maria Teresa; MADUREIRA, Isabel; LEITE, Teresa. Processos de identificação de necessidades: uma reflexão. *Revista de Educação*, Lisboa, v. 8, n. 1, p. 29-47, 1999.

FARIA, Ana Lucia Goulart. *Direito à infância*: Mário de Andrade e os parques infantis para as crianças de família operária na cidade de São Paulo (1935-1938). 1993. Tese de doutorado – Faculdade de Educação, Universidade de São Paulo, São Paulo.

FRANCHI, Eglê Pontes. A insatisfação dos professores: consequências para a profissionalização. In: _____ (Org.). *A causa dos professores*. São Paulo: Papirus, 1995.

FREIRE, Madalena. *Observação, registro e reflexão*: instrumentos metodológicos I. São Paulo: Espaço Pedagógico, 1996.

_____. *A paixão de conhecer o mundo*: relato de uma professora. Rio de Janeiro: Paz e Terra, 1983.

FREIRE, Paulo. *Pedagogia da autonomia*: saberes necessários à prática educativa. São Paulo: Paz e Terra, 2001.

_____. *Professora sim, tia não*: cartas a quem ousa ensinar. São Paulo: Olho d'Água, 1993.

FUSARI, José Cerchi. *Formação contínua de educadores*: um estudo de representações de coordenadores pedagógicos da Secretaria Municipal de Educação de São Paulo (SMESP). 1997. Tese de doutorado – Faculdade de Educação, Universidade de São Paulo, São Paulo.

GANDIN, Luís Armando. Quem "ensina" também estuda? Notas sobre o estudo dos professores. *Revista de Educação AEC*, Brasília, ano 24, n. 97, out./dez. 1995.

GANDINI, Lella; GOLDHABER, Jeanne. Duas reflexões sobre a documentação. In: GANDINI, Lella; EDWARDS, Carolyn (Org.). *Bambini*: a abordagem italiana à Educação Infantil. Porto Alegre: Artmed, 2002.

GARCÍA, Carlos Marcelo. A formação de professores: novas perspectivas baseadas na investigação sobre o pensamento do professor. In: NÓVOA, António (Org.). *Os professores e sua formação*. Lisboa: Dom Quixote, 1992.

GARCÍA. Formação de professores principiantes. In: _____. *Formação de professores para uma mudança educativa*. Porto: Porto Editora, 1995.

GOMES, Marineide de Oliveira. *As identidades de educadoras de crianças pequenas:* um caminho do "eu" ao "nós". 2003. Tese de doutorado – Faculdade de Educação, Universidade de São Paulo, São Paulo.

GOODNOW, Jacqueline. *Desenhos de crianças*. Lisboa: Moraes, 1979.

Grande Enciclopédia Larousse Cultural. São Paulo: Nova Cultural: 1995.

HARGREAVES, Andy. *Profesorado, cultura y postmodernidad*: cambian los tiempos, cambia el profesorado. Madrid: Morata, 1996.

HERNÁNDEZ, Fernando. *A organização do currículo por projetos de trabalho*. Porto Alegre: Artes Médicas, 1998.

HUBERMAN, Michaël. O ciclo de vida profissional dos professores. In: NÓVOA, António (Org.). *Vidas de professores*. Porto: Porto Editora, 1995.

IAVELBERG, Rosa. O desenho cultivado da criança. In: CAVALCANTI, Zélia (Coord.). *Arte na sala de aula:* textos da Escola da Vila. Porto Alegre: Artes Médicas, 1995.

KELLOGG, Rhoda. *Analisis de la expresion plástica del preescolar*. Madrid: Cincel, 1984.

KISHIMOTO, Tizuko Morchida. Recuperando a história da Educação Infantil em São Paulo. *Revista Escola Municipal*, São Paulo: SME, v. 18, n. 13, p. 6-10, 1985.

KRAMER, Sonia. *Por entre as pedras*: arma e sonho na escola. São Paulo: Ática, 1994.

KUHLMANN JR., Moysés. *Infância e Educação Infantil*: uma abordagem histórica. Porto Alegre: Mediação, 1998.

LARROSA, Jorge. Notas sobre a experiência e o saber da experiência. *Revista Brasileira de Educação*, Rio de Janeiro: Anped, n. 19, p. 20-28, jan./abr. 2002.

_____. *Pedagogia profana:* danças, piruetas e mascaradas. Belo Horizonte: Autêntica, 2000.

LIBÂNEO, José Carlos. Reflexividade e formação de professores: outra oscilação do pensamento pedagógico brasileiro? In: PIMENTA, Selma G.; GHEDIN, Evandro (Org.). *Professor reflexivo no Brasil*: gênese e crítica de um conceito. São Paulo: Cortez, 2002.

LIMA, Maria Socorro Lucena. *A formação contínua do professor nos caminhos e descaminhos do desenvolvimento profissional*. 2001. Tese de doutorado – Faculdade de Educação, Universidade de São Paulo, São Paulo.

LOPES, Amanda Cristina Teagno. O registro da prática docente: instrumento de formação e transformação. *Revista de Educação Ceap*, Salvador: Centro de Estudos e Assessoria Pedagógica, v. 11, n. 40, p. 43-54, mar./maio 2003.

LOWENFELD, Viktor; BRITTAIN, W. Lambert. *Desenvolvimento da capacidade criadora*. São Paulo: Mestre Jou, 1970.

LUCAS, Jozimas Geraldo. *A teoria na formação do educador*: análise dos "grupos de formação permanente" de professores da Secretaria Municipal de Educação de São Paulo. 1992. Dissertação de mestrado – Pontifícia Universidade Católica de São Paulo, São Paulo.

LUQUET, G. H. *El dibujo infantil*. Barcelona: A. Redondo, 1972.

MACHADO, Ana Maria. *Bisa Bia, Bisa Bel*. São Paulo: Salamandra, 2002.

MANGUEL, Alberto. *Uma história da leitura*. São Paulo: Companhia das Letras, 1997.

MARTINS, Luciana de Lima. O Rio de Janeiro dos viajantes: o olhar britânico (1800-1850). Rio de Janeiro: Jorge Zahar, 2001. Resenha de: LEITE, Miriam Lifchitz Moreira. O Rio de Janeiro dos viajantes: o olhar britânico (1800-1850). *Revista de Antropologia*, São Paulo, v. 44, n. 2, 2001. Disponível em: <www.scielo.br/scielo.php?script=sci_arttext&pid=S0034-77012001000200013>. Acesso em: 21 jun. 2004.

MARTINS, Maria Helena. *O que é leitura?* São Paulo: Brasiliense, 1994.

MARTINS, Miriam Celeste Ferreira Dias. *Arte – o seu encantamento e o seu trabalho na educação de educadores*: a celebração de metamorfoses da cigarra e da formiga. 1999. Tese de doutorado – Faculdade de Educação, Universidade de São Paulo, São Paulo.

MATE, Cecília Hanna. *Tempos modernos na escola*: os anos 30 e a racionalização da educação brasileira. Bauru: Edusc; Brasília: Inep, 2002.

MAUAD, Ana Maria. Imagem e autoimagem do Segundo Reinado. In: ALENCASTRO, Luiz Felipe de (Org.). *História da vida privada no Brasil*: Império. São Paulo: Companhia das Letras, 1997.

MÈREDIEU, Florence de. *O desenho infantil*. São Paulo: Cultrix: 1995.

MIGNOT, Ana Chrystina Venancio; CUNHA, Maria Teresa Santos. Entre papéis: a invenção cotidiana da escola. In: _____; _____ (Org.). *Práticas de memória docente*. São Paulo: Cortez, 2003.

MONARCHA, Carlos. *Lourenço Filho e a organização da psicologia aplicada à educação* (São Paulo, 1922-1933). Brasília: Inep: MEC, 2001.

MORAIS, Vinícius. *A arca de Noé*. São Paulo: Companhia das Letrinhas, 2000.

MOREIRA, Ana Angélica Albano. *O espaço do desenho*: a educação do educador. São Paulo: Loyola, 1984.

NACARATO, Adair; VARANI, Adriana; CARVALHO, Valéria de. O cotidiano do trabalho docente: palco, bastidores e trabalho invisível... abrindo cortinas. In: GERALDI, Corinta; FIORENTINI, Dario; PEREIRA, Elisabete (Org.). *Cartografias do trabalho docente: professor(a)-pesquisador(a)*. Campinas: Mercado das Letras, 1998.

NASCENTE. *Rugendas*. Disponível em: <www.nascente.com.br/rugendas/rugendas01.html>. Acesso em: 21 jun. 2004.

Em decorrência da desativação do endereço referido, sugere-se o site de busca Google Imagens como fonte de acesso a produções do pintor.

NORA, Pierre. Entre memória e história: a problemática dos lugares. *Projeto História*, São Paulo, n. 10, p. 7-28, dez. 1993.

NÓVOA, António. Formação de professores e profissão docente. In: NÓVOA, António (Org.). *Os professores e sua formação*. Lisboa: Dom Quixote, 1992.

_____. Os professores na virada do milênio: do excesso dos discursos à pobreza das práticas. *Educação e Pesquisa*, São Paulo, v. 25, n. 1, p. 11-20, jan./jun. 1999.

NUNES, Cely do Socorro Costa. *Os sentidos da formação contínua, o mundo do trabalho e a formação de professores no Brasil*. 2000. Tese de doutorado – Faculdade de Educação, Universidade Estadual de Campinas, Campinas.

OLIVEIRA, Zilma de Moraes Ramos de. Dos parques infantis às escolas municipais de Educação Infantil: um caminho de cinquenta anos. *Revista Escola Municipal*, São Paulo: SME, v. 18, n. 13, p. 11-18, 1985.

OLIVEIRA-FORMOSINHO, Júlia. O desenvolvimento profissional das educadoras de infância: entre os saberes e os afetos, entre a sala e o mundo. In: _____; KISHIMOTO, Tizuko Morchida (Org.). *Formação em contexto*: uma estratégia de integração. São Paulo: Pioneira Thomson Learning, 2002.

_____; FORMOSINHO, João. A formação em contexto: a perspectiva da Associação Criança. In: OLIVEIRA-FORMOSINHO, Júlia; KISHIMOTO, Tizuko Morchida (Org.). *Formação em contexto*: uma estratégia de integração. São Paulo: Pioneira Thomson Learning, 2002.

_____; AZEVEDO, Ana. O Projeto dos Claustros: no Colégio D. Pedro V. Uma pesquisa cooperada sobre o processo de construção da qualidade. In: OLIVEIRA-FORMOSINHO, Júlia; KISHIMOTO, Tizuko Morchida (Org.). *Formação em contexto*: uma estratégia de integração. São Paulo: Pioneira Thomson Learning, 2002.

PÉREZ, Carmen Lúcia Vidal. *Professoras alfabetizadoras*: histórias plurais, práticas singulares. Rio de Janeiro: DP&A, 2003.

PERRENOUD, Philipe. O bom senso não basta para educar crianças pequenas. *Pátio Educação Infantil*, Porto Alegre: Artmed, v. 1, n. 2, p. 18-20, ago./nov. 2003.

_____. A prática pedagógica entre a improvisação regulada e o bricolage: ensaio sobre os efeitos indirectos da investigação em educação. In: _____. *Práticas pedagógicas, profissão docente e formação*: perspectivas sociológicas. Lisboa: Dom Quixote, 1993.

PIMENTA, Selma G. Formação de professores: saberes da docência e identidade do professor. *Revista da Faculdade de Educação*, São Paulo, v. 22, n. 2, p. 72-89, jul./dez. 1996.

_____. Professor reflexivo: construindo uma crítica. In: _____; GHEDIN, Evandro (Org.). *Professor reflexivo no Brasil:* gênese e crítica de um conceito. São Paulo: Cortez, 2002.

PROENÇA, Maria Alice de Rezende. *O registro reflexivo na formação contínua de educadores*: tessituras da memória na construção da autoria "Amacord". 2003. Dissertação (Mestrado em Educação) – Faculdade de Educação, Universidade de São Paulo, São Paulo.

REIS, Maria Cândida Delgado (Org.). *Caetano de Campos*: fragmentos da história da instrução pública no Estado de São Paulo. São Paulo: Associação de Ex-Alunos do Ieec, 1994.

REVISTA DO JARDIM DA INFÂNCIA. São Paulo: Governo do Estado, v. 1, 1896.

_____. São Paulo: Governo do Estado, v. 2, 1897.

RIBEIRO, Ricardo. *Inspeção e escola primária em São Paulo*: trabalho e memória. 1990. Dissertação de mestrado. Faculdade de Educação, Universidade de São Paulo, São Paulo.

RIOS, Terezinha Azeredo. *Compreender e ensinar:* por uma docência da melhor qualidade. São Paulo: Cortez, 2001.

RODRIGUES, Ângela; ESTEVES, Manuela. A análise de necessidades e a formação de professores. In: _____; _____. *A análise de necessidades na formação de professores*. Porto: Porto Editora, 1993.

SAINT-EXUPÉRY, Antoine de. *O pequeno príncipe*. Rio de Janeiro: Agir, 1969.

SANTOS, Maria Walburga dos. *Educadoras de parques infantis em São Paulo*: aspectos de suas formação e prática entre os anos de 1935 e 1955. 2005. Tese de mestrado – Faculdade de Educação, Universidade de São Paulo, São Paulo.

SÃO PAULO (município). Secretaria Municipal de Educação. Um dia no parque infantil. *Revista Escola Municipal*, São Paulo: SME, v. 18, n. 13, p. 19-24, 1985.

_____. Secretaria de Educação e Cultura. *Boletins internos do Departamento de Educação, Assistência e Recreio*. São Paulo, jan./dez. 1952.

_____. _____. *Boletins internos do Departamento de Educação, Assistência e Recreio*. São Paulo, jan./dez. 1951.

_____. _____. *Boletins internos do Departamento de Educação, Assistência e Recreio*. São Paulo, jan./dez. 1950.

_____. Departamento de Educação, Assistência e Recreio. *Boletins internos da Divisão de Educação, Assistência e Recreio*. São Paulo, jan./dez. 1949.

_____. _____. *O que são os parques e recantos infantis de São Paulo*. São Paulo, 1949.

_____. _____. *Boletins internos da Divisão de Educação, Assistência e Recreio*. São Paulo, jan./dez. 1948.

_____. Divisão de Educação, Assistência e Recreio. *Boletim mensal de cultura*, São Paulo: Divisão de Educação, Assistência e Recreio, n. 3, jan./dez. 1947.

_____. Departamento de Cultura. Divisão de Educação e Recreio. *Relatório de Emei*: 1945/1948. São Paulo: Divisão de Educação e Recreio, 1945-1948.

_____. _____. _____. *Relatório anual de 1945*. São Paulo: Divisão de Educação e Recreio, 1945.

_____. _____. _____. *Relatório anual de 1943*. São Paulo: Divisão de Educação e Recreio, 1943.

_____. _____. _____. Ato n. 861 de 30 de março de 1935.

SÃO PAULO (Estado). Secretaria da Educação e da Saúde Pública. *Código de educação do Estado de São Paulo*. São Paulo: Imprensa Oficial do Estado de São Paulo, 1935.

SAVIANI, Dermeval. *Elementos para uma leitura crítica sobre as propostas de formação de professores*: licenciatura e pedagogia. 2003. Trabalho apresentado na Faculdade de Educação da USP em 22 de outubro de 2003. São Paulo, 2003. Não publicado.

_____. *Escola e democracia*. São Paulo: Cortez, 1985.

SCHÖN, Donald A. Formar professores como profissionais reflexivos. In: NÓVOA, António (Org.). *Os professores e sua formação*. Lisboa: Dom Quixote, 1992.

_____. *Educando o profissional reflexivo*: um novo design para o ensino e a aprendizagem. Porto Alegre: Artes Médicas Sul, 2000.

SEVERINO, Antônio Joaquim. *Metodologia do trabalho científico*. São Paulo: Cortez, 2000.

SOARES, Magda. *Metamemória-memórias*: travessia de uma educadora. São Paulo: Cortez, 1991.

SOUZA, Maria Cecília Cortez Christiano. *A escola e a memória*. Bragança Paulista: Edusf, 2000.

_____. A psicologia e a experiência pedagógica: alguma memória. In: VIDAL, Diana Gonçalves; SOUZA, Maria Cecília C. C. (Org.). *A memória e a sombra:* a escola brasileira entre o Império e a República. Belo Horizonte: Autêntica, 1999.

_____. Sob o silêncio da escola, a memória. *Revista Brasileira de História*. Biografia, biografias. São Paulo: Anpuh; Ijuí: Unijuí, v. 17, n. 33, p. 280-292, 1997.

STERN, Arno. *Comprensión del arte infantil*. Buenos Aires: Kapelusz, 1962.

UNIÃO PAULISTA DE EDUCAÇÃO. *Consolidação das leis do ensino*. São Paulo: Imprensa Oficial do Estado de São Paulo, 1948.

VELHO, Gilberto. Memória, identidade e projeto. In: _____. *Projeto e metamorfose*: antropologia das sociedades complexas. Rio de Janeiro: Jorge Zahar, 1994.

VIDAL, Diana Gonçalves. *O exercício disciplinado do olhar*: livros, leituras e práticas de formação docente no Instituto de Educação do Distrito Federal (1932-1937). Bragança Paulista: Edusf: 2001.

VIÉGAS, João Alexandre. *Viaje ao Brasil do início do século XIX através das aquarelas de Jean-Baptiste Debret, pintor francês que morou no Brasil entre 1816 e 1831*. Disponível em: <www.nascente.com.br/debret/centro.html>. Acesso em: 21 jun. 2004.

Em decorrência da desativação do endereço referido, sugere-se o site de busca Google Imagens como fonte de acesso a produções do pintor.

VIÑAO, Antonio. Relatos e relações autobiográficas de professores e mestres. In: MENEZES, Maria Cristina (Org.). *Educação, memória, história*. Campinas: Mercado de Letras, 1002.

VYGOTSKY, Lev Semenovich. *A formação social da mente*: o desenvolvimento dos processos psicológicos superiores. São Paulo: Martins Fontes, 1998.

WALLON, Henry; LURÇAT, Liliane. *El dibujo del personaje por el niño*: sus etapas y cambios. Buenos Aires: Proteo, 1968.

WARSCHAUER, Cecília. *A roda e o registro*: uma parceria entre professor, alunos e conhecimento. Rio de Janeiro: Paz e Terra, 1993.

_____. *Rodas em rede*: oportunidades formativas na escola e fora dela. Rio de Janeiro: Paz e Terra, 2001.

WEISZ, Telma. *O diálogo entre o ensino e a aprendizagem*. São Paulo: Ática, 2001.

WOOD, Audrey; WOOD, Don. *A bruxa Salomé*. São Paulo: Ática, 1999.

YOURCENAR, Marguerite. *Memórias de Adriano*. Rio de Janeiro: O Globo; São Paulo: Folha de S. Paulo, 2003.

ZABALZA, Miguel Ángel. *Diários de aula*: contributo para o estudo dos dilemas práticos dos professores. Porto: Porto Editora, 1994.

_____. *Diários de aula*: um instrumento de pesquisa e desenvolvimento profissional. Porto Alegre: Artmed, 2004.

Anexos

ANEXO 1
QUADRO-SÍNTESE DOS PORTFÓLIOS DE PROJETOS ANALISADOS

Nome do portfólio	Estruturação do plano inicial	Estruturação do relato
Relato do Projeto Casa de Formigas 2000 Crianças de 5 anos	1. Justificativa 2. Problematização 3. Objetivos 4. Conteúdos 4.1. Natureza e sociedade 4.2. Linguagem oral e escrita 4.3. Matemática 4.4. Movimento 4.5. Artes visuais 5. Desenvolvimento 5.1. Estratégias 5.2. Produto final 5.3. Fontes de informação 5.4. Recursos 5.5. Referências bibliográficas 6. Avaliação	Texto narrativo com pouca referência explícita a datas, mas mantendo a sequência cronológica dos acontecimentos. Aparecem falas das crianças em resposta às problematizações propostas e discutidas em roda de conversa: "Como as formigas fugiram?", "Por que as formigas morreram?", "O que sabemos?", "O que queremos saber?", "O que aprendemos?" A certa altura do relato, é apresentado quadro da pesquisa com a sistematização das seguintes questões: "O que sabemos?", "O que queremos saber?", "Como faremos?"
Projeto Mistério de Raios 2001 Crianças de 6 anos	1. Justificativa 2. Problematização 3. Objetivos	Texto narrativo com pouca referência explícita a datas, mas mantendo a sequência cronológica dos acontecimentos.

	4. Conteúdos 4.1. Natureza e sociedade 4.2. Linguagem oral e escrita 4.3. Matemática 4.4. Artes visuais 5. Desenvolvimento 5.1. Estratégias 5.2. Produto final 5.3. Fontes de informação 5.4. Recursos 5.5. Referências bibliográficas 6. Avaliação	Aparecem falas das crianças em resposta às problematizações propostas e discutidas em roda de conversa. A certa altura do relato, é apresentado quadro da pesquisa com a sistematização das seguintes questões: "O que sabemos?", "O que queremos saber?" Ao final, sob o título de "Reflexões finais", são apresentadas considerações sobre o trabalho, como uma avaliação final do projeto e de suas contribuições para o desenvolvimento das crianças.
Sequência de atividades: Estudo sobre o Vulcão 2001 Crianças de 6 anos	1. Justificativa 2. Objetivos 3. Conteúdos 3.1. Natureza e sociedade 3.2. Linguagem oral e escrita 3.3. Matemática 3.4. Artes visuais 4. Desenvolvimento 4.1. Atividades previstas 4.2. Fontes de informação 4.3. Recursos 4.4. Referências bibliográficas 5. Etapas 6. Avaliação	Narrativa organizada em tópicos correspondentes às etapas previstas no plano inicial. Referência à data e às atividades. Descrição bastante detalhada: **1ª etapa: Levantamento de conhecimentos prévios** Relato do dia 4/10 I. Roda de conversa II. Representação gráfica **2ª etapa: Verificação de hipóteses** I. Seleção de algumas falas/hipóteses das crianças e apresentação ao grupo II. Coleta e análise de informação - vídeo a. Documentário sobre vulcões

		b. Conversa sobre o vídeo e reformulação de hipóteses c. Registro de informações coletadas: desenho e escrita *Relato do dia 16/10.* Ao final, "Reflexões finais".
Projeto Dinossauros 2002 Crianças de 6 anos	1. Justificativa 2. Objetivos 3. Conteúdos 3.1. Natureza e sociedade 3.2. Linguagem oral e escrita 3.3. Matemática 3.4. Artes visuais 4. Desenvolvimento 4.1. Etapas previstas 4.2. Fontes de informação 4.3. Recursos 4.4. Referências bibliográficas 5. Atividades previstas • Levantamento de conhecimentos prévios • Problematização • Coleta de informações 6. Avaliação	Narrativa como uma espécie de diário, com referência explícita a datas. É apresentada justificativa para essa opção: O relato que se segue constitui, em quase sua totalidade, uma transcrição de trechos dos relatos diários realizados cotidianamente. Optei por manter grande parte deles em sua forma original e, por isso, em alguns momentos, a narração assemelha-se à fala, carregada de marcas de oralidade que conferem ao texto uma maior informalidade, característica dos relatos diários. Aparecem muitas falas das crianças entremeando o relato. Ao final, um texto reflexivo intitulado "O que entendemos por 'projeto didático'?"
Projeto Enciclopédia de Bichos do Jardim 2003 Crianças de 5 anos	1. Justificativa 2. Objetivos 3. Encaminhamentos	A narrativa apresenta-se dividida em "atividades", sem referência explícita a datas. São apresentados os tópicos abaixo seguidos de descrição detalhada dos acontecimentos:

	4. Referências bibliográficas 5. Avaliação	Por que estudar os bichos do jardim? *Atividade 1: Listagem de bichos do jardim* *Atividade 2: Classificação de bichos do jardim* *Atividade 3: Votação* *Atividade 4: O que sabemos sobre o tatuzinho?* *Atividade 5: Observação do corpo do tatu-bola* *Atividade 6: Pesquisando em grupos - onde vivem os tatuzinhos?* *Atividade 7: Desenhos de tatu* *Atividade 8: O que o tatuzinho come?* *Atividade 9: Por que o tatu vira bola?* *Atividade 10: A pesquisa chega ao fim...* *Atividade 11: Escolha de um novo animal* *Atividade 12: O que sabemos sobre a borboleta?* *Atividade 13: O corpo da borboleta* *Atividade 14: Como nascem as borboletas?* *Atividade 15: "A primavera da lagarta"* *Atividade 16: O que a borboleta come?* *Atividade 17: Vídeo* *Atividade 18: Sistematizando as descobertas* *Construindo nosso jardim*

ANEXO 2
QUADRO-SÍNTESE DE CONCEPÇÕES SUBJACENTES AOS PROJETOS NARRADOS NOS PORTFÓLIOS

Projeto	Concepção de projeto/elementos centrais	Excertos
Relato do Projeto Casa de Formigas **Projeto Casa de Formigas** 2000	Encontrar um tema surgido no grupo. Problematizar. Conseguir envolvimento do grupo/participação. Projeto como algo flexível.	Cabe destacar que, ao longo do projeto, novos questionamentos foram surgindo à medida que pesquisávamos e descobríamos coisas novas. O projeto, portanto, constitui algo flexível, produzindo conhecimentos e, com eles, novos problemas a serem superados, estimulando as crianças a investigar, a formular hipóteses, a argumentar, a observar, elementos que fazem do projeto uma experiência extremamente significativa e enriquecedora. Realizamos uma votação para a escolha do nome do projeto. Algumas crianças deram sugestões de nomes e, a partir daí, procedemos à votação e à contagem dos votos, vencendo o nome "Casa de Formigas". Procurei fazer com que as crianças percebessem o significado de um projeto participando ativamente de suas diferentes etapas, compartilhando todos os momentos. Decidir com a turma o tema do projeto, enumerar aspectos a serem pesquisados, sugerir atividades a serem realizadas, estimulando o grupo a opinar e propor novas atividades, foi uma de minhas principais preocupações. (p. 9)
Mistério de Raios 2001	Tema de interesse do grupo. Relação com a vida social das crianças - função social do projeto. Grande quantidade de problematizações.	O projeto realizado foi bastante significativo para as crianças, a meu ver, por alguns motivos: primeiramente, por corresponder a um interesse geral do grupo; em segundo lugar, por apresentar relação com a vida social dos alunos, por constituir tema presente na atualidade e, em especial, pelos acontecimentos bastante destacados na mídia na época em que o projeto foi "idealizado"; em terceiro lugar, por produzir inúmeras problematizações e perguntas às quais as crianças - e até mesmo eu - não tínhamos respostas precisas, mobilizando-nos em busca de tais conhecimentos. (p. 13)

Sequência de atividades: Estudo sobre o Vulcão 2001	Desenvolvimento de saberes relacionados à pesquisa.	Cabe ressaltar que o principal objetivo da sequência de atividades realizada não se refere especificamente à construção de conhecimentos sobre o tema "vulcão", mas extrapola o conteúdo, o tema tratado; acredito que o processo de pesquisa - o contato com fontes de informação, a pesquisa, a elaboração e a verificação de hipóteses, a formulação de conclusões, entre outros - constitui eixo central da proposta. Nesse percurso certamente as crianças coletaram informações e ampliaram seus conhecimentos sobre o tema, aprenderam muitas coisas sobre os vulcões, mas acredito que a principal contribuição do estudo refere-se aos saberes já citados, bem como ao refinamento da observação, ao incentivo à pesquisa, ao gosto por aprender. (p. 1)
Projeto Dinossauros 2002	Produção de síntese acerca da concepção de projeto didático. Alguns pontos foram destacados: 1. Os projetos podem surgir de um interesse das crianças ou podem também ser propostos pelo professor. 2. Necessidade de reflexão, por parte do professor, acerca dos objetivos subjacentes ao projeto. Importância da intervenção do professor na criação de situações significativas (o tema em si não diz se o projeto terá ou não função social, favorecerá ou não a pesquisa).	Talvez, ao invés de definirmos que o projeto deve surgir no grupo de crianças, ou que deve ser proposto pelo professor a partir do que observou na turma, pudéssemos concordar que essas diferentes maneiras são válidas, não restringindo, então, as possibilidades. [...] Não podemos fazer um projeto simplesmente porque "as crianças gostam" e destituí-lo, assim, de intenções didáticas. Isso não significa, de maneira alguma, que não possamos partir de temas que interessam o grupo de alunos e buscar neles possibilidades educativas, objetivos a serem alcançados que estejam além do tema em questão, que estejam ligados à construção de conhecimentos atitudinais, procedimentais e conceituais. O tema em si não é capaz de nos dizer se o projeto possui ou não função social, se favorece ou não a pesquisa, a argumentação, a revisão de hipóteses. O assunto a ser discutido parece surgir, a meu ver, como meio para, e não como fim último do projeto. Isso não deve significar, porém, que "qualquer tema serve"; certamente alguns assuntos poderão oportunizar maiores possibilidades, mas acredito no papel do professor como problematizador, desafiador, criador de intervenções que favoreçam a concretização de seus objetivos. [...] Acredito que o projeto da sala, por constituir uma atividade bastante significativa para o grupo de alunos, pode extrapolar seu foco inicial e entrar em outras áreas através das atividades sequenciadas, tomando o tema em questão para

	3. Projeto pode ser interdisciplinar, sem que isso signifique perda do fio condutor (na época, havia a orientação de que os professores estabelecessem uma área de conhecimento como foco do projeto, centrando-se nela). 4. Problematização pode ser construída pelo professor - ele pode mobilizar o grupo. 5. Riqueza do projeto centra-se não necessariamente em seu conteúdo, mas prioritariamente no processo de pesquisa vivenciado pelas crianças. 6. Projeto vai sendo construído à medida que o grupo se empenha no processo de pesquisa. Plano não pode ser elaborado a priori em sua totalidade.	o desenvolvimento de outros conteúdos sem que isso implique perda de intenções iniciais. [...] A problematização, então, pode ser criada pelo professor, já que o interesse nem sempre é algo natural e espontâneo por parte das crianças, mas pode ser cultivado também. [...] Acredito que a riqueza de um projeto se encerra não apenas no conteúdo conceitual em questão, mas especialmente no processo vivenciado pelo grupo para chegar a esse conhecimento: o levantamento de hipótese, a argumentação, a explicitação de opinião e a contraposição com ideias de colegas, o estabelecimento de relações. Para descobrirmos o que são herbívoros e carnívoros e quais dinossauros podem ser considerados membros de cada uma das categorias, realizamos muitas observações de imagens, classificação dos animais em grupos de acordo com características físicas externas (observáveis), recorremos a falas de alunos e as problematizamos ("o pescoçudo com árvores, por isso tem o pescoço comprido"), empregamos algumas constatações a outros dinossauros, generalizando (se este dinossauro come carne, este também deve comer, porque também tem garras). As crianças construíram esse conhecimento – não foram simplesmente informadas acerca das características de dinossauros herbívoros e carnívoros. O conteúdo pode ser o mesmo, mas a forma de chegar até ele é bastante diferente. [...] Ao longo do projeto, as etapas previstas para seu desenvolvimento vão sendo alteradas em função das reais necessidades e das questões surgidas; não é possível, portanto, determinar inicialmente e *com exatidão* o caminho a ser percorrido. (p. 31-32)

Se escrevesse hoje o relato, diria "experiências de aprendizagem" no lugar de "conteúdos".

ANEXO 3
QUADRO-SÍNTESE DE DILEMAS SUBJACENTES AOS PROJETOS NARRADOS NOS PORTFÓLIOS

Projeto	Dilemas explicitados	Excertos
Projeto Casa de Formigas 2000	Como encontrar o tema para o projeto? Como problematizá-lo? Como conseguir o envolvimento do grupo?	Ao pensar em projetos, o mais complicado parece ser, a meu ver, "descobrir" um tema a ser trabalhado, de modo a atender ao interesse do grupo e, dessa forma, construir o projeto, tendo como principal elemento a participação, o envolvimento dos alunos, compartilhando com a turma as diferentes etapas do desenvolvimento da pesquisa. Como encontrar o tema? Como conseguir a problematização? O que é, enfim, problematizar? [...] Refletindo sobre o projeto, percebo, agora, o importante papel assumido pelo professor no processo de definição e desenvolvimento da pesquisa; é preciso ter sensibilidade para perceber o interesse do grupo e, além disso, refletir constantemente a fim de lançar novos desafios às crianças, problematizar, pois a problematização é o elemento que caracteriza um projeto e torna-o algo vivo e significativo para o grupo e para o professor. (p. 4)
Mistério de Raios 2001	Gestão do tempo: como conciliar as múltiplas exigências? Plano de ação: importância de planejamento mais detalhado. Preocupação com a função social do projeto.	Os inúmeros eventos e atividades ocasionais certamente dificultaram a maior regularidade e sistematização do projeto, mas acredito que, apesar disso, o estudo foi extremamente significativo para as crianças e muitos aspectos foram trabalhados e compreendidos pelos alunos. A inexistência de um plano de ação que guiasse as diferentes etapas do projeto também pode ser considerada um fator relevante, dificultando o planejamento semanal e, talvez, conduzindo ao prolongamento do estudo. Apesar disso, nosso projeto foi adquirindo, passo a passo, estrutura e características próprias, partindo de hipóteses iniciais e questionamentos formulados que, ao final do processo, puderam ser esclarecidos, e, junto com eles, muitas competências foram também estimuladas e aprimoradas. Acredito que o projeto adquiriu função social ao apresentar-se extremamente relacionado aos

		acontecimentos observados pelas crianças em suas vidas diárias - desde a observação do céu em dia de tempestade, por exemplo, até o contato com notícias envolvendo acidentes com raios. Além disso, pudemos conhecer maneiras de evitar - e proteger-se - de acidentes com raios, e isso foi também bastante interessante e significativo para as crianças. (p. 13)
Sequência de atividades: Estudo sobre o Vulcão 2001	Pesquisa sobre vulcões não é considerada projeto: o que é, afinal, um projeto? Dilema anteriormente apresentado acerca do planejamento é superado por meio da apresentação de um plano detalhado de etapas e da narração diária de atividades.	Primeiramente apresento o "plano" do estudo, explicitando justificativa, objetivos, conteúdos, desenvolvimento (atividades, fontes de informação, recursos, referências bibliográficas), etapas previstas. Vale ressaltar que a enumeração das atividades previstas e o planejamento das etapas constituíram importantes instrumentos para a melhor organização do estudo, facilitando seu desenvolvimento, evitando a perda do fio condutor, o distanciamento dos objetivos iniciais. Certamente algumas das etapas sofreram alteração, sendo modificadas em função do grupo e das necessidades surgidas ao longo do processo, apontando para a flexibilidade do plano de ação, aspecto essencial para seu êxito enquanto instrumento de auxílio ao professor. (p. 1)
Projeto Dinossauros 2002	Questionamento sobre a relevância do tema: o que caracteriza um projeto? A existência de um problema a ser superado? O que entendemos por "função social"?	Apesar de o tema "dinossauro" ser interessante, agradar às crianças e oportunizar o trabalho com diversas competências (pesquisa, leitura de textos, interpretação de imagens, escrita, entre outras), ainda tinha dúvida sobre a relevância do tema, pois não havia *um problema* que motivasse a investigação e fizesse do estudo verdadeiramente um projeto. Em uma roda de conversa, porém, surgiram colocações muito interessantes por parte dos alunos, nas quais pude verificar seus conhecimentos prévios, suas hipóteses - algumas delas muito surpreendentes... -, percebendo que o tema talvez pudesse ser realmente significativo. Significativo por ter sentido para as crianças; ter sentido por responder a uma necessidade, a um interesse derivado de uma questão, de um desafio, de um problema. Mas qual o desafio, qual o problema? Nessa mesma roda de conversa surgiu, sim, uma questão que entusiasmou as crianças, levando-as a argumentar a favor de suas hipóteses, já que as opiniões eram divergentes: o dinossauro é um animal? Ele vive até os dias atuais? Diferentemente do que imaginava que as

| | | | crianças pensavam, grande parte do grupo afirmou que sim, que os dinossauros existem, mas vivem em locais afastados e a eles reservados. Quanto à primeira indagação, as respostas demonstravam menos segurança; na verdade, não sabiam dizer exatamente se os dinossauros são animais ou não, faltando-lhe argumentos e conhecimentos acerca do que é um animal, do que faz com que espécies como baleia, urso, cachorro e outras sejam consideradas animais.
A partir desse momento percebi que havia, sim, um problema e que, portanto, poderíamos realizar um projeto com o objetivo de investigar e descobrir mais informações sobre os dinossauros. (p. 2)

Questiono-me também acerca do que consideramos como "função social": seria a relação entre o tema e as questões da atualidade? Ou a cidadania, a formação de indivíduos críticos, autônomos, reflexivos? Para que o projeto adquira função social é preciso que a problematização e o assunto em foco estejam diretamente relacionados a questões sociais? Ou podemos pensar na construção de saberes imprescindíveis à sociedade moderna, como a capacidade de pesquisa, argumentação, levantamento de hipóteses ou, em outros casos, habilidades relacionadas à matemática ou à linguagem oral e escrita?
Cabe ainda mais um questionamento, agora em relação ao tempo destinado ao projeto da sala. Sinto que as inúmeras propostas acabam por restringir o tempo didático destinado ao projeto da sala, e isso prejudica não apenas seu andamento, mas também o vínculo do grupo de crianças em relação a ele. Talvez essa constitua uma questão sem solução, pois constantemente precisamos lidar com esse tipo de problema, com a gestão do tempo em sala de aula, bastante restrito, tendo em vista nossas inúmeras intenções. É preciso priorizar a qualidade do trabalho em detrimento da quantidade; trabalhar poucas coisas, mas trabalhá-las bem. (p. 32) |
| **Enciclopédia de Bichos do Jardim**

2003 | Qual concepção de projeto adotamos? | | Tenho refletido muito acerca da concepção de projeto que embasa a prática pedagógica e vejo-me um pouco confusa neste momento. Buscando embasamento teórico norteador, podemos constatar a existência de diferentes concepções de projeto, nenhuma melhor ou pior que a outra, mas sim singulares, com objetivos |

próprios. Podemos citar duas delas: a de Fernando Hernández - que considera os projetos elementos estruturadores do currículo - e a de Delia Lerner - considerando os projetos modalidade organizativa que coexiste com outras formas de organização dos conteúdos, tais como as atividades sequenciadas. Para o primeiro, os projetos assumem um caráter mais interdisciplinar, já que o assunto em questão será analisado sob diferentes pontos de vista; o que está em jogo é, prioritariamente, a pesquisa, a problematização, os procedimentos de estudo e busca de informações. Para Lerner, os projetos centram-se em um objetivo específico ligado a uma área de conhecimento - em especial, à Língua Portuguesa, a fim de permitir um tratamento mais aprofundado de um tipo de texto, por exemplo. Os temas escolhidos, em ambos os casos, serviriam, a meu ver, como meio, e não como fim, estando a serviço da pesquisa e de objetivos mais amplos, ligados à construção de saberes. Certamente não podemos esquecer a função social da escola como transmissora do saber socialmente construído, aspecto que, em alguns contextos, acaba sendo deixado de lado em função de outras exigências. É preciso, sim, preocuparmo-nos com os conteúdos, e os projetos podem constituir uma forma de trabalhá-los de modo a favorecer a construção do conhecimento por parte do educando, e não simplesmente sua transmissão, pelo professor. [...]

Podemos notar que o projeto em questão possui características próprias, distinguindo-se então das duas concepções apresentadas, mas assumindo elementos de ambas. Talvez haja uma certa dificuldade em relação à definição exata do que é um projeto e de suas características essenciais (existência de um problema a resolver? Existência de produto final? Propósito social? Todos esses aspectos interligados?), o que merece maior esclarecimento. Talvez a dificuldade concentre-se na escolha de apenas uma diretriz teórica, excluindo a outra (mas será que são excludentes? Não é possível construir, a partir delas, uma terceira concepção?). Enfim, a grande questão a ser respondida por mim, enquanto professora, é: o que faz de um projeto um projeto? (p. 2-3)

Amanda Cristina Teagno Lopes Marques é pedagoga, mestre em Educação pela Faculdade de Educação da Universidade de São Paulo (FE/USP) e doutoranda na mesma universidade. Participa do Grupo de Pesquisas sobre a Formação de Educadores (Gepefe – FE/USP). Atua como professora de Educação Infantil na prefeitura de São Paulo e assessora o Departamento de Normas Técnicas e Orientações Pedagógicas da Secretaria Municipal de Educação de Guarulhos. Sua trajetória profissional passa pela docência na Educação Infantil, pela assessoria à sistematização de projetos em Secretarias Municipais de Educação e pela ministração de cursos e oficinas voltados ao processo de formação contínua de educadores.